ENTENDENDO A IGREJA

Entendendo a autoridade da congregação

JONATHAN LEEMAN

FIEL Editora

L485e Leeman, Jonathan, 1973-
　　　　Entendendo a autoridade da congregação / Jonathan
　　　　Leeman ; [tradução: Camila Teixeira e William Teixeira].
　　　　– São Paulo: Fiel, 2019.

　　　　– (Entendendo a igreja).
　　　　Tradução de: Understanding the congregation's
　　　　authority.
　　　　ISBN 9788581326719 (brochura)
　　　　　　　 9788581326733 (epub)
　　　　　　　 9788581326641 (audiolivro)

　　　　1. Autoridade – Aspectos religiosos - Cristianismo. 2.
　　　　Igreja - Autoridade. I. Título. II. Série.
　　　　　　　　　　　　　　　　　　　　　　　CDD: 262.8

Catalogação na publicação: Mariana C. de Melo Pedrosa – CRB07/6477

Entendendo a autoridade da congregação –
Entendendo a igreja
Traduzido do original em inglês
Understanding the Congregation's Authority – Church Basics
por Jonathan Leeman
Copyright © 2016 por Jonathan Leeman
e 9Marks

■

Originalmente publicado em inglêspor B&H
Publishing Group, com todos os direitos internacionais pertencentes a 9Marks.
525 A Street NE, Washington DC 20002.

Esta edição publicada por acordo com 9Marks.
Todos os direitos reservados.

Os textos das referências bíblicas foram extraídos da versão Almeida Revista e Atualizada, 2ª ed. (Sociedade Bíblica do Brasil), salvo indicação específica.

Copyright © 2018 Editora Fiel
Primeira edição em português: 2019
Todos os direitos em língua portuguesa reserva
por Editora Fiel da Missão Evangélica Literária
PROIBIDA A REPRODUÇÃO DESTE LIVRO POR QUAISQUER
MEIOS SEM A PERMISSÃO ESCRITA DOS EDITORES, SALVO
EM BREVES CITAÇÕES, COM INDICAÇÃO DA FONTE.

■

Diretor: Tiago J. Santos Filho
Editor-chefe: Tiago J. Santos Filho
Editor: Vinicius Musselman Pimentel
Coordenação Editorial: Gisele Lemes
Tradução: Camila Teixeira e William Teixei
Revisão: R&R Edições e Revisões
Diagramação: Rubner Durais
Capa: Rubner Durais
E-book: Rubner Durais
ISBN impresso: 978-85-8132-671-9
ISBN e-book: 978-85-8132-673-3
ISBN audiolivro: 978-85-8132-664-1

FIEL
Editora

Caixa Postal 1601
CEP: 12230-971
São José dos Campos, SP
PABX: (12) 3919-9999
www.editorafiel.com.br

SUMÁRIO

Prefácio da série *Entendendo a igreja* 7

Apresentação à edição em português 11

1. O Programa de discipulado de Jesus 17

2. O quadro geral 33

3. Adão tinha um trabalho..................................47

4. Agora, Jesus oferece o trabalho à sua Igreja..................63

5. Seus pastores treinam você para o seu trabalho...............83

Conclusão: As responsabilidades do seu trabalho 99

Apêndice: Respostas breves a críticas ao congregacionalismo liderado por presbíteros..................109

PREFÁCIO DA SÉRIE ENTENDENDO A IGREJA

A vida cristã é vivida no contexto da igreja. Essa convicção bíblica fundamental caracteriza todos os livros da série *Entendendo a igreja*. Essa convicção, por sua vez, afeta a forma como cada autor trata o seu tópico. Por exemplo, *Entendendo a ceia do Senhor* afirma que a Santa Ceia não é um ato privado e místico entre você e Jesus. É uma refeição familiar em torno da mesa na qual você tem comunhão com Cristo e com o povo de Cristo. *Entendendo a Grande Comissão* afirma que a Grande Comissão não é uma licença para que alguém, de forma totalmente autônoma, se dirija às nações com o testemunho de Jesus. Trata-se de uma responsabilidade dada a toda a igreja para ser cumprida por toda a igreja. *Entendendo a autoridade da congregação* observa que a autoridade da igreja não repousa apenas sobre os líderes, mas sobre toda a congregação. Cada membro tem um trabalho a fazer, incluindo você.

Cada livro foi escrito *para* o membro comum da igreja, e esse é um ponto crucial. Se a vida cristã é vivida no contexto da igreja, então você, crente batizado e membro de igreja, tem a responsabilidade de entender esses tópicos fundamentais. Assim como Jesus o responsabiliza pela promoção e proteção da mensagem do evangelho, ele também o responsabiliza pela promoção e proteção do povo do evangelho, a igreja. Estes livros explicarão como.

Você é semelhante a um acionista na corporação do ministério do evangelho de Cristo. E o que os bons acionistas fazem? Estudam a sua empresa, o mercado e a concorrência. Eles querem tirar o máximo proveito de seu investimento. Você, cristão, investiu sua vida inteira no evangelho. O propósito desta série, então, é ajudá-lo a maximizar a saúde e a rentabilidade do Reino de sua congregação local para os fins gloriosos do evangelho de Deus.

Você está pronto para começar a trabalhar?

Jonathan Leeman
Editor de Série

LIVROS DA SÉRIE ENTENDENDO A IGREJA

Entendendo a Grande Comissão,
Mark Dever

Entendendo o batismo,
Bobby Jamieson

Entendendo a ceia do Senhor,
Bobby Jamieson

Entendendo a autoridade da congregação,
Jonathan Leeman

Entendendo a disciplina na igreja,
Jonathan Leeman

Entendendo a liderança da igreja,
Mark Dever

APRESENTAÇÃO À EDIÇÃO EM PORTUGUÊS

Eu havia terminado uma aula no seminário quando um pastor, com semblante bastante triste, me abordou. O motivo de sua tristeza era, segundo ele, o governo da sua igreja. Tratava-se de um governo congregacional e a experiência que ele tinha tido com esse sistema não tinha sido nada boa. Suas mágoas eram muitas. Com olhos marejados, ele me contava sobre a maneira como a congregação deliberava desastrosamente nas assembleias.

Num dado momento, ele me disse que, em uma das assembleias, a deliberação sobre seu salário causou disputas desagradáveis entre membros, tanto os neófitos como os maduros, justamente porque um diácono achava que pagar três salários mínimos para o pastor era muito abusivo. Tudo isso aconteceu, disse ele, diante da sua esposa e de seus filhos ainda adolescentes. Ele estava visivelmente esgotado. Não por causa do bate-boca das assembleias por conta do salário pastoral, mas, sim, por causa das deliberações extenuantes sobre a cor do carpete, a posição dos bancos da igreja, o som alto dos músicos, o estilo da beca dos coristas, a marca do pão da ceia, etc. A lista de questões pequenas era infindável. Para fugir dessa histeria coletiva, ele estava decidido a mudar de denominação ou abandonar de vez o ministério pastoral. É compreensível o total desânimo desse pastor. Todavia, preciso dizer que uma igreja congregacional não precisa ser assim. O congregacionalismo não é mesquinho por natureza. Mas, como aconteceria a qualquer outro governo eclesiástico, ele padece quando é exercido por crentes imaturos ou até mesmo não regenerados, o que é o cúmulo do absurdo. Pelo contrário, o congregacionalismo pode e deve ser saudável. E justamente esta é a intenção de Jonathan Leeman neste pequeno, porém precioso livro: mostrar que o congregacionalismo não é um "governo de mesquinharias".

Entretanto, para que o congregacionalismo seja saudável, Leeman entende que a membresia deve atrelar o governo ao discipulado na igreja. Essa ligação pressupõe a pluralidade de presbíteros. Por qual razão? Quando uma igreja investe na formação bíblica de seus presbíteros, ela garante a qualidade da pregação e do ensino, o que inclui a manutenção da cultura de discipulado na igreja. Não somente isso. Uma igreja local, governada por presbíteros, pode proteger mais eficazmente a igreja dos arroubos personalistas e das idiossincrasias de membros e líderes demasiadamente narcisistas. Uma congregação liderada por presbíteros evita também a redução do congregacionalismo à mera democracia. O congregacionalismo não deveria ser visto como um regime meramente democrático, como muitos congregacionalistas defendem. Na verdade, se o congregacionalismo pretende ser bíblico, ele deveria ser visto a partir de uma espécie de "triperspectivismo", para usar um termo caro a John Frame. Refiro-me em especial ao triperspectivismo presente na famosa passagem da Declaração de Cambridge [The Cambridge Platform], de 1648:

> O governo da igreja é uma mistura de governos (...) No que diz respeito a Cristo, o Rei e Cabeça da igreja, ao soberano poder que reside nele e é exercido por ele, o governo da igreja é uma monarquia. No que diz respeito ao corpo, à irmandade da igreja, e ao poder de Cristo outorgado a eles, o governo da igreja parece uma democracia. No que concerne aos presbíteros e ao poder confiado a eles, o governo da igreja é uma aristocracia. [X,3]

O congregacionalismo não pode abstrair a membresia da realidade à qual ela pertence. A autoridade da congregação não deve jamais ser concebida como separada da realidade da supervisão dos presbíteros e sobretudo da soberania de Cristo. Leeman entende que a inequívoca autoridade da membresia pode ser exercida com excelência apenas quando ela, em obediência a Cristo, está sob a liderança de presbíteros comprometidos com o amadurecimento e edificação dos membros da igreja local. Quando uma igreja é liderada por presbíteros fiéis ao evangelho, ela jamais careceria de disciplina, seja moral, seja doutrinária. Jamais questões de segundo plano passariam para primeiro plano. Um congregacionalismo liderado por presbíteros fiéis ao evangelho enfrenta questões de segundo plano, de fato, em segundo plano. Quando isso acontece, a treliça (as estruturas), que é importante para sustentar a videira (a membresia), desaparece, justamente, para dar lugar ao que importa de verdade: a videira.

Mas como saber se uma congregação é liderada por presbíteros comprometidos com o congregacionalismo bíblico? O primeiro sinal pode ser percebido na própria pauta da assembleia. Qual tem sido a pauta das assembleias da sua igreja? Quais são os assuntos que estão em primeiro plano? A entrada e a saída de membros ou a escolha da cor do novo carpete da igreja? A disciplina de um impenitente ou a posição dos bancos da igreja? A eleição de diáconos e presbíteros ou a caixa de som de última geração que os músicos tanto querem? O mais importante é ser meramente democrático ou obedecer ao Rei? Desde que conheci Leeman, tenho admirado cada vez mais este irmão. Não somente por sua capacidade intelectual que é visivelmente robusta, mas por seu amor e zelo pela igreja local. É verdade, você está diante de um pequeno livro, mas não é menos verdade que você está diante de uma poderosa reflexão.

Jonas Madureira,
pastor da Igreja Batista da Palavra (São Paulo/SP)

CAPÍTULO 1

O PROGRAMA DE DISCIPULADO DE JESUS

O que você acha que seu pastor está fazendo agora? Talvez ele esteja pensando em você e orando por você e por todos os outros membros de sua igreja. Eu não ficaria surpreso se ele estivesse fazendo isso. Talvez ele esteja orando para que você cresça em seu relacionamento com Cristo. Por ler a Bíblia, ele sabe que seu relacionamento com Cristo está vinculado ao seu amor pelos outros membros da igreja. Ele estudou versículos como este, onde Jesus diz:

> Um novo mandamento vos dou: que vos ameis uns aos outros; assim como eu vos amei a vós, que também vós vos ameis uns aos outros. Nisto conhecerão todos que sois meus discípulos, se tiverdes amor uns aos outros (Jo 13.34-35).

Você deve amar a sua igreja como Jesus lhe amou, cristão. Como Jesus lhe amou? Morrendo na cruz para o perdão dos seus pecados, consagrando-lhe a Deus. Você não pode morrer pelo pecado das pessoas, é claro, mas pode ajudá-las a permanecerem consagradas a Deus. Essa é uma palavra antiga, "consagrado". Mas creio que ela é útil. Consagrar algo significa separá-lo, dedicá-lo ao Santo. Cristo tornou a igreja santa. Seu pastor, eu confio, quer que você lhes ajude a viver essa santidade. E se você tem o Espírito Santo de Deus, você também quer ajudá-los a serem santos, a serem um povo consagrado.

Pelo menos, às vezes você se sente assim, certo?

O problema é que pastores muitas vezes tentam ajudar você e os membros da sua igreja a assumirem a responsabilidade uns pelos outros, escolhendo o mais recente modelo de programa de discipulado apresentado na conferência de seus pastores favoritos. Nesse modelo ou nesse livro *best-seller*, eles ouvem a história de algum outro pastor que fez uma igreja crescer até se tornar uma igreja enorme (Deus seja louvado!), onde a lição muitas vezes é: "Aqui está o que eu fiz. Faça isso você também!" Talvez isso funcione para as suas igrejas. Talvez não.

Eu não oferecerei a você um novo modelo de programa de discipulado. Em vez disso, quero apontar para um programa de discipulado em um livro, o programa que Jesus deixou em *seu* livro para você e para o seu pastor. Este programa é chamado — você está preparado? — "congregacionalismo liderado por presbíteros".

UMA MUDANÇA DE ASSUNTO?

Neste momento, eu posso ouvir um gravador que fazendo "crrrr!". Como se a agulha tivesse sido empurrada para fora do disco preto girando. De repente, a sala fica em silêncio. Todo mundo se vira e olha. Então alguém zomba: "Congregacionalismo liderado por presbíteros?! Para ajudar com os relacionamentos de discipulado de uma igreja?".

— Sim, congregacionalismo liderado por presbíteros.
— Você está falando sério?
— Sim, estou falando sério.
— Essa é uma declaração ousada.
— Eu suponho que seja.
— Mas o congregacionalismo liderado por presbíteros não diz respeito somente ao governo da igreja ou algo assim? Parece que você acabou de mudar de assunto.

Não, eu não mudei de assunto. O congregacionalismo liderado por presbíteros é sobre o governo da igreja, sim, mas também é o "programa" que Jesus estabeleceu para tornar toda a igreja responsável por toda a igreja e treinar cada membro para a obra. Esse é o programa de discipulado de Jesus.

Permita-me voltar um pouco. Tipicamente, pensamos no tema do governo da igreja como pertencente a quem possui a autoridade final em uma igreja para tomar decisões. Existem quatro posições básicas:

- **Modelo congregacional liderado por presbíteros:** diz que a Bíblia dá esta autoridade final para a congregação reunida à medida que é liderada pelos pastores ou presbíteros.[1]
- **Modelo oligárquico (regido por presbíteros):** advoga que a autoridade final pertence aos presbíteros de uma igreja independente.
- **Modelo presbiteriano:** dá autoridade para reuniões de presbíteros sobre várias igrejas.
- **Modelo episcopal** (anglicanos, metodistas, católicos romanos, etc.): dá autoridade a um bispo sobre várias igrejas.

Pessoas que defendem todas as quatro posições reconhecem que Jesus e sua Palavra possuem a autoridade *final*. O que divide essas posições é quem toma decisões finais sobre assuntos como a recepção de membros, a disciplina da igreja, a remoção de um presbítero desqualificado, a mudança de uma declaração de fé, a aprovação de um orçamento, e assim por diante.

Em geral, este livro não abordará diretamente esses outros modelos ou tentará defender o congregacionalismo liderado por presbíteros contra suas críticas (mas veja o apêndice!). Este livro é muito curto para isso.[2] Meu objetivo aqui é apenas perguntar o que a Bíblia diz.

---

1 Usarei o termo "pastores" e "presbíteros" de forma intercambiável ao longo deste livro, assim como o Novo Testamento o faz.
2 Se você está interessado em uma obra apologética que dialogue com essas outras tradições, veja o meu livro *Don't Fire Your Church Members: The Case For Congregationalism* (Nashville, TN: B&H Academic, 2016).

Dito isso, tenho que admitir que o congregacionalismo dificilmente tem uma reputação estelar. Talvez você tenha ouvido as histórias. No lado mais bobo, eu penso sobre a igreja batista que ficou dividida sobre a cor dos tons em seu templo. Metade da igreja queria branco e metade queria marrom. Então eles contrataram um consultor que recomendou... cor de bronze (Viva o consultor!). No lado mais pesaroso, você pode ter ouvido sobre as notícias do casal afro-americano que, um dia antes de seu casamento, recebeu um telefonema de seu pastor batista. Será que eles se importariam se ele realizasse seu casamento no prédio da igreja de negros na mesma rua? Sua igreja predominantemente branca ameaçava demiti-lo se ele realizasse seu casamento no prédio da igreja. O pastor... se submeteu à igreja (Urgh!). Em situações como essas, o congregacionalismo foi transformado em uma democracia. Assim as igrejas votam para decidir tudo. As reuniões de assuntos da Igreja parecem debates da Câmara Municipal. Pastores são tratados como oficiais eleitos, que podem ser demitidos de seus cargos, se eles não dão aos eleitores o que eles querem (Eita!).

E, eu estou chamando isso de programa de discipulado de Jesus?

Essas histórias, compreensivelmente, fermentam as pessoas contra o congregacionalismo. Afinal, a Bíblia dificilmente pode pretender que igrejas inteiras tomem decisões, muito menos que se dividam sobre cores de cortinas, ou que obriguem fortemente seus pastores a discriminarem as minorias, certo? Certo. Eu não quero chamar o congregacionalismo de democracia e nem defender os abusos do congregacionalismo. Os humanos caídos frequentemente fazem mau uso dos bons dons de Deus. Como a autoridade dos pais e dos pastores, dos policiais e dos presidentes, a autoridade congregacional é, às vezes, mal utilizada e mal compreendida. Não adianta tentar varrer a sujeira para debaixo do tapete. Mas só porque alguns casamentos se tornam abusivos não significa que devemos acabar completamente com o casamento, certo? Certo. O que queremos é o congregacionalismo bíblico, e o congregacionalismo bíblico é liderado por *pastores* ou *presbíteros*. A autoridade *final*, eu disse, pertence a Jesus e à sua Palavra. E os pastores falam segundo esta Palavra. Portanto, as congregações devem normalmente seguir a direção dos pastores. Voltaremos à relação entre a autoridade congregacional e a autoridade dos presbíteros no capítulo 5. Por enquanto, podemos dizer que a igreja mantém a palavra final sobre as decisões que dizem respeito ao *que* eles acreditam e a respeito de *quem* eles são, ou o que eu demonstrarei como o *que* e o *quem* do evangelho no capítulo 4; mas os presbíteros devem liderar a congregação através dessas mesmas decisões.

Isso, eu proponho, é o programa de discipulado de Jesus.

A PRIMEIRA PARTE DO PROGRAMA DE JESUS: RESPONSABILIDADE CONGREGACIONAL

Para entender o que o congregacionalismo liderado por presbíteros tem a ver com o discipulado, precisamos pensar em suas duas partes. Uma parte do *congregacionalismo* exige que você, o membro comum da igreja, assuma a responsabilidade por outros membros da igreja. Isso lhe confere este trabalho.

Para fazer o seu trabalho, você deve conhecer o evangelho. Você deve estudar o evangelho. Você deve proteger o ministério do evangelho em sua igreja. E você deve se esforçar pelo progresso do evangelho na vida de seus irmãos de igreja e com pessoas de fora.

Em outras palavras, você deve cuidar de sua igreja, mantendo-a consagrada a Deus, assim como Adão deveria cuidar do jardim e os sacerdotes de Israel deveriam cuidar do templo, mantendo-os consagrados a Deus.

Para ser claro, estou assumindo que possuir responsabilidade é algo que se deriva de possuir autoridade. Uma pessoa não é responsável por fazer algo que não foi autorizada a fazer. Não me diga que tenho um trabalho se você não me der a autoridade para fazer meu trabalho! É como me dizer para limpar uma casa sem me dar as chaves da casa.

A reivindicação fundamental do congregacionalismo é que a igreja reunida possui autoridade porque Jesus a autoriza expressamente e porque ele faz com que cada crente evangélico seja responsável por proclamar e proteger o seu evangelho e o seu povo do evangelho, como os capítulos posteriores buscarão demonstrar.

A SEGUNDA PARTE DO PROGRAMA DE JESUS: TREINAMENTO PELOS PRESBÍTEROS

No entanto, pense nisso: quem treina e prepara os crentes no evangelho para fazerem os seus trabalhos? Quem lhes ensina o evangelho e como o evangelho se aplica a todas as áreas da vida? Quem os treina para discernir entre profissões de fé verdadeiras e falsas, para que possam manter a igreja consagrada ao Senhor?

Pastores ou presbíteros!

Isso nos leva à parte *liderado por presbíteros* do programa de discipulado de Jesus. A congregação precisa de seus líderes para treiná-los a fazer os seus trabalhos. Ouça como Paulo o expressa: Jesus "deu uns para serem... pastores e mestres, para o treinamento dos santos para o trabalho do ministério, para a edificação do corpo de Cristo" (Ef 4.11-12, versão do autor). O que os pastores fazem? Eles treinam. O que os santos fazem? O trabalho do ministério. As duas partes trabalham juntas:

Liderança dos Presbíteros → Treina você para o trabalho

Congregacionalismo → Concede a você um trabalho

Em poucas palavras, esse é o modelo de discipulado de Jesus. Ou podemos expressá-lo matematicamente:

Liderança dos Presbíteros + Governo Congregacional
= Discipulado

Adicione estas duas variáveis e você tem o programa de Jesus para o discipulado. As pessoas temem que o congregacionalismo envolva colocar as decisões da igreja nas mãos de seus membros menos maduros, como nas ilustrações a respeito da cor da cortina e da igreja racista mencionadas anteriormente. É verdade que se os pastores não treinam os santos, sim, as pessoas serão imaturas e tomarão más decisões! Mas é precisamente o fato de que o congregacionalismo liderado por presbíteros não permite que os líderes simplesmente imponham a sua vontade aos membros, mesmo aos imaturos, é que força os líderes a fazerem o trabalho de treinamento. O programa de Jesus requer que os líderes ensinem, expliquem, equipem, pastoreiem e persuadam seus membros em direção à maturidade e à capacidade de tomar boas decisões. Os membros são como adolescentes de dezesseis anos com as chaves de um carro.

É melhor você ensiná-los a dirigir com cuidado, mamãe e papai! Não culpe as congregações por dirigirem mal. Culpe os seus mestres.

Uma igreja que dá toda a autoridade aos seus líderes prejudica a sua própria cultura de discipulado. Abandonando a sua própria autoridade, os membros se tornam menos responsáveis. Eles se movem gradualmente em direção à passividade e à complacência, e eventualmente ao mundanismo. Eles deixam a igreja menos protegida.

Enquanto isso, os pastores que tiram a autoridade de suas congregações, ironicamente, renunciam a uma forma de sua própria liderança ao fazê-lo. Eles devem trabalhar duro para treinar a igreja para que ela possa usar a sua autoridade de forma madura. Mas se eles se livrarem dessa responsabilidade, com certeza, seu trabalho será mais fácil, mas eles não estão sendo os líderes que Deus pretende.

O congregacionalismo bíblico é uma democracia? Não, é um governo misto — em parte monarquia (governo de um), em parte oligarquia (governo de poucos) e em parte democracia (governo de muitos). Jesus é o Rei através da sua Palavra; os presbíteros ou pastores lideram; e a congregação tem a palavra final (no sentido humano) sobre certas questões cruciais. E é precisamente a dinâmica entre o um, os poucos e os muitos que cultiva uma cultura de discipulado, e que conduz os membros imaturos da igreja em direção à maturidade.

NÃO APENAS A ASSEMBLEIA ADMINISTRATIVAS, MAS TODA A VIDA

Você percebe? Quando Jesus e os apóstolos falaram sobre o governo da igreja, não foi apenas uma discussão sobre a tomada de decisões burocráticas. Isso era de forma mais fundamental e importante uma questão de discipulado! O governo da igreja é muito mais do que o que acontece no que os batistas costumam chamar de assembleia administrativas.

Alguém faz uma proposta. Outra pessoa fala contra a proposta. Eventualmente a igreja vota, talvez oralmente, talvez por escrito.

Mas aqui está um quadro mais geral. O que os membros fazem nessas reuniões deve se conectar ao que fazem na vida cotidiana, construindo relacionamentos uns com os outros. Deve haver uma via de mão dupla entre tomar decisões e construir relacionamentos, algo como isso:

tomando decisões → construindo relacionamentos
→ tomando decisões → construindo...

Jesus pretende que as pessoas que tomam decisões sejam as mesmas pessoas responsáveis pela construção de relacionamentos. A construção de relacionamentos produz uma boa tomada de decisão, porque as decisões serão tomadas com conhecimento pessoal. E a responsabilidade de tomar decisões produz o incentivo para construir relacionamentos, novamente, uma vez que essas decisões podem ser feitas com conhecimento e, portanto, com integridade.

Manter a igreja consagrada ao Senhor é um trabalho diário. Adão deveria manter os olhos abertos em vigilância contra as serpentes mentirosas somente aos domingos? Os sacerdotes de Israel separavam o "puro" do "impuro" no templo apenas em uma assembleia bimestral? Claro que não. O trabalho de cada um era de tempo integral: 24 horas por dias, 7 dias por semana, como dizem. E assim é com o membro da igreja.

DO EVANGELHO À ORDEM DO EVANGELHO

O fato de que o governo da igreja é mais fundamentalmente sobre discipulado também nos ajuda a entender que nem tudo sobre a governança da igreja é específico da situação, mas que nossa "ordem do evangelho" surge a partir do próprio evangelho.

As pessoas, às vezes, dizem que a forma de governo da igreja adotada deve depender inteiramente do contexto em que a mesma está inserida. Sua igreja pode escolher uma forma ou outra, dependendo da ocasião, como você faz com as roupas. Para o dia de trabalho você pode usar roupas casuais de negócios, mas para um casamento você precisará de um paletó e gravata. Em relação ao governo da igreja é assim também, certo? Apenas certifique-se de que você tem a forma certa para a ocasião.

Certamente muitas coisas na vida de uma igreja mudarão em relação a tempos e lugares diferentes, ou por outros motivos. Mas o que eu espero que você descubra neste livro é que o tronco e os ramos do governo da igreja crescem da semente do evangelho. A relação entre o evangelho e nossa vida evangélica em comunidade não é acidental. Pelo contrário, o evangelho faz certas exigências sobre os santos e sobre a nossa união. O evangelho produz uma ordem do evangelho (com essa expressão, eu quero dizer: as estruturas de governo da igreja), e essa ordem do evangelho, por sua vez, demonstra e protege o evangelho, da seguinte maneira:

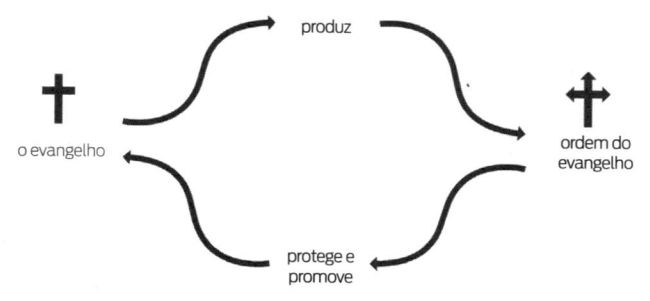

```
              produz
        ┌─────────────┐
   †                    †
o evangelho          ordem do
        └─────────────┘ evangelho
           protege e
            promove
```

Se você crê no evangelho, você vai unir a sua vida a outros cristãos. Você exercerá um cuidado sacerdotal pela santidade de seus irmãos de igreja e promoverá o testemunho do evangelho de sua igreja em sua comunidade. E você vai treinar para realizar este trabalho, se submetendo, em seu discipulado, a guias paternais, ou pastores. Este não é apenas o trabalho do domingo. Este é um trabalho que dura toda a semana.

CONCLUSÃO

Visto que o trabalho do evangelho já começou em nós, somos congregacionalistas. Uma vez que a obra do evangelho ainda não está completa em nós, somos congregacionalistas liderados por presbíteros. Você já pensou no fato de que não haverá pastores no céu? Seu pastor terá que encontrar uma nova ocupação, já que todos nós reinaremos juntamente com Cristo (2Tm 2.12).

Enquanto isso, o pastor ora por você, lhe ensina e lhe dá um exemplo. Não só isso, ele lhe treina para que você faça o seu trabalho. Provavelmente a definição mais concisa do congregacionalismo liderado por presbíteros é: o seu pastor lhe treinando para que você faça o seu trabalho. Ou, como Paulo disse, o congregacionalismo liderado por presbíteros é Jesus lhe dá um pastor para treinar você para o trabalho do ministério.

Quando praticado biblicamente, o congregacionalismo liderado por presbíteros é uma força motriz do evangelho. Que...

- protege o evangelho,
- amadurece o discípulo cristão,
- fortalece toda a igreja,
- fortifica a sua santa integridade e testemunho
- e prepara a congregação para amar melhor os seus próximos em palavras e obras.

Você quer crescer em seu discipulado a Cristo, e proteger o *quem* e o *que* do evangelho? Então, assuma as suas responsabilidades congregacionais enquanto é liderado por seus pastores.

Como eu disse há pouco, o meu objetivo não é tanto persuadi-lo do congregacionalismo, respondendo a todas as objeções que possam surgir de uma perspectiva presbiteriana, episcopal ou de presbíteros-regentes. **O objetivo deste livro é ajudá-lo a entender através das Escrituras quais são as suas responsabilidades.** Jesus lhe designou um trabalho na igreja, e você crescerá em piedade à medida que desempenhar este trabalho. Você pode pensar neste livro quase como o seu manual de trabalho na igreja.

O roteiro aqui é bastante simples:

- O capítulo 2 fornece o quadro geral de como o congregacionalismo liderado por presbíteros ocorre na vida de uma igreja.
- Os capítulos 3 e 4 se concentram na parte do congregacionalismo: seu trabalho.
- O capítulo 5 enfatiza a parte da liderança por presbíteros: o treinamento para o trabalho dado pelos presbíteros.
- A conclusão lista as responsabilidades de seu trabalho.

CAPÍTULO 2

O QUADRO GERAL

Nós poderíamos abrir nossas Bíblias agora e começar, versículo por versículo, a construir o quadro bíblico do congregacionalismo liderado por presbíteros, o programa de discipulado de Jesus. Mas, isso seria como lhe pedir para juntar um quebra-cabeça de 100 peças sem nunca olhar para a imagem na caixa. Então, nesse capítulo, veremos a "imagem na caixa", e, depois, nos capítulos 3 a 5, voltaremos para as Escrituras, a fim de montar o quebra-cabeça.

APRENDENDO NA VIDA REAL

Era uma noite de domingo. Estávamos vários minutos em uma assembleia bimestral realizada apenas para os membros quando um presbítero se levantou para compartilhar essa triste notícia com a igreja: "Daniel deixou a sua esposa e os seus filhos por causa de outra mulher". O presbítero ficou atônito. Paralisado. Então, prosseguiu: "Dois presbíteros tem se reunido com Daniel há vários meses desde que o caso foi descoberto. No começo ele parecia estar arrependido. Mas recentemente Daniel se mudou e não tem planos de voltar para sua família". Ele explicou como a esposa estava (não bem), e o que ela pensava dos planos dos presbíteros de contar a situação à toda a igreja (muito grata). Ele também falou sobre as crianças (estavam sofrendo).

O ambiente ficou pesado. Havia setecentos corações partidos. Foi como um súbito golpe no peito. Você cambaleia para trás, recupera o equilíbrio, e espera, sem saber o que fazer a seguir. Mas o peito lateja no local onde foi golpeado.

Depois, o presbítero fez mais uma coisa. Ele alistou todos na sala no trabalho do evangelho de buscar aquele homem, bem como no trabalho do evangelho de cuidar daquela mulher e de seus filhos. Ele disse algo como: "Mateus 18 nos diz que se um pecador não ouvir dois ou três, isso deve ser dito à igreja. E se ele não ouvir a igreja, devemos tratá-lo como um incrédulo. Assim nós estamos dizendo. Se vocês têm um relacionamento com Daniel, encorajem-no a se arrepender e voltar para a sua esposa. Se vocês não têm um relacionamento com Daniel, por favor orem. Se nada mudar entre agora e a próxima assembleia de membros que ocorrerá daqui há dois meses, os presbíteros voltarão a vocês e recomendarão que removamos Daniel da membresia como um ato de disciplina". Ele também falou sobre algumas formas de cuidar da esposa de Daniel.

Nenhuma ação formal foi tomada pela congregação naquela reunião. Os membros fizeram algumas perguntas, principalmente sobre formas de servir à esposa e aos filhos: "Eles precisam de refeições?", "Há maneiras de ajudar com a escola das crianças?", "Devemos dizer algo quando a vermos?". Mas o principal objetivo aqui era informar e alistar. Os presbíteros estavam cuidando do caso há vários meses. O trabalho da congregação começaria agora: a maior parte em oração, alguns indivíduos falariam com Daniel, alguns outros ajudariam a sua esposa e os seus filhos, e eventualmente a igreja inteira decidiria remover Daniel da membresia e da Mesa do Senhor, se a situação chegasse a esse ponto.

Agora, peço que você pare e reflita sobre todo esse cenário, como se pudesse examinar uma fotografia. O que você enxerga?

Espero que veja as duas partes do programa de discipulado de Jesus: o treinamento pelos presbíteros e a responsabilidade da congregação.

PRESBÍTEROS TREINANDO NA VIDA REAL

Pense sobre o que os presbíteros apresentaram à congregação naquela assembleia. Não era uma ilustração hipotética do sermão. Não era um estudo de caso acadêmico. Não era a "realidade" reproduzida em um programa de televisão. Não. Era uma crise real e concreta de uma família na igreja. Era tão verdadeiro, presente e tangível como uma mãe sentada na mesa de jantar com as crianças, dizendo: "Papai foi embora". Agora, os presbíteros estavam pedindo que a congregação se sentasse naquela mesa com aquela família. Eles estavam pedindo que a congregação estivesse lá, para consolar as crianças, para chorar com a esposa, para admoestar o marido que saiu de casa, para processar mental e emocionalmente toda a situação para si mesmos e para gerenciar como se conduziriam juntamente nessa situação. Isso não deveria ser feito com fingimento, mas de modo real.

Os presbíteros seguiram a instrução de Jesus de "dizer à igreja" (Mt 18.17), e depois eles treinaram a congregação para agir de acordo com o evangelho. A liderança deles ensinou pelo menos cinco lições à igreja.

Primeira lição: Somos salvos pela graça somente, por meio da fé somente. Se não fosse assim, Daniel teria deixado de ser considerado cristão imediatamente, e não haveria motivo para busca-lo visando seu arrependimento. A remoção teria sido automática. Mas, louvado seja Deus que este não é o caso.

Segunda lição: Somos salvos somente pela fé, mas a fé salvífica nunca está sozinha. Então, aquele homem, ao ser confrontado, se arrependeria? Afinal, os cristãos certamente se arrependem quando confrontados em seu pecado. O Espírito Santo lhes dá a tristeza segundo Deus em vez da tristeza segundo o mundo (Paulo explica os dois tipos em 2 Coríntios 7.9-11). Eles cortarão a sua mão ou arrancarão os seus olhos em vez de continuarem no pecado.

Terceira lição: O evangelho não salva apenas os indivíduos, mas um corpo. Deus "uniu o corpo" de modo que "se um membro sofre, todos os membros sofrem com ele" (1Co 12.24, 26). Aquele homem e aquela esposa faziam *parte do nosso próprio corpo*. Todos nós compartilhamos a dor e o sofrimento. E agora todos nós éramos responsáveis por agir.

Quarta lição: A liderança dos presbíteros ensinou à congregação como é o amor evangélico. Ele não se parece com "viva e deixe viver". Tal amor não está separado da verdade, da santidade e da obediência. O amor evangélico também não se assemelha a olhares acusadores ou a sobrancelhas que demonstram raiva. Pelo contrário, o amor evangélico perdoa pecadores, adverte contra o caminho da morte e aponta para o caminho que conduz à vida. Esse amor fala honestamente, às vezes com lágrimas, e sempre com oração e compaixão.

Certamente, os presbíteros poderiam ter sido tentados a esconder toda essa difícil situação do adultério por trás das portas da sala das reuniões pastorais. Isso teria sido mais fácil, mais eficiente e menos arriscado. Além disso, todas essas lições do evangelho poderiam ser ensinadas através de sermões, certo? Talvez. Mas há uma diferença entre pedir a um jovem para ler o manual do proprietário de um carro e colocar as chaves em sua mão e dizer: "Você vai dirigir. Mas, siga as minhas instruções com cuidado". Histórias sobre o pecado e suas consequências podem ser úteis, mas encaminhar uma igreja através disso enfatiza a realidade dessas lições.

Dois meses se passaram rapidamente. A próxima assembleia de membros ocorreu. Nada mudara na vida de Daniel. Ele resistiu a todos os esforços da igreja de chama-lo ao arrependimento. Então, a igreja votou para removê-lo da membresia e da Mesa do Senhor. Nós o "excomungamos", para usar uma linguagem mais antiga. Isso significa que não estávamos mais dispostos a confirmá-lo publicamente como cristão.

Isso nos leva à quinta lição que toda a situação ensinou à igreja: O que significa agir com coragem evangélica. Dizer "sim" para a remoção de alguém da membresia pode ser assustador. Isso faz você ficar apreensivo. Coloque-se no lugar de um jovem de dezesseis anos que nunca dirigiu: *Isso não é apenas ler um manual do proprietário. É colocar o carro para rodar e pisar no acelerador. Será que baterei em algo?*

Ao obedecer ao mandamento de Jesus de "dizer à igreja", os presbíteros discipularam a congregação através de todas essas cinco lições e provavelmente mais. E cada uma dessas lições seria transmitida para o resto da vida. Talvez outra esposa na igreja esteja lidando com seu marido que afirma amar a Jesus, mas demonstra um padrão de pecado. Talvez um amigo com quem você esteja compartilhando o evangelho declare ter se tornado um cristão, mas não deseja se unir à uma igreja ou parar de embriagar-se. Talvez você professe ser cristão, mas esteja vivendo em pecado não arrependido de alguma forma. As poucas lições que a igreja aprendeu nesta situação entram em jogo em todos os tipos de circunstâncias. Aprendemos a importância de discernir entre a tristeza segundo Deus e a tristeza segundo o mundo. Aprendemos a coragem de falar honestamente e tomar decisões com ternura e lágrimas. Lidar com as questões da vida seguindo o evangelho nos capacita corporativamente a trata-las individualmente. Quando essas reuniões acontecem a portas fechadas e contando apenas com a presença de presbíteros ou de bispos, tal treinamento não ocorre.

Em suma, o congregacionalismo liderado por presbíteros exige que estes ensinem e discipulem, tanto para o bem daqueles que estão diretamente envolvidos em dada situação quanto para o bem de toda a congregação.

> **O QUE É EXCOMUNHÃO?**
> O Catolicismo Romano tem usado a palavra *excomunhão* para descrever o processo de remover pessoas de sua participação da membresia da igreja e da salvação — como se a igreja pudesse negar a salvação. Entre os Protestantes, a excomunhão significa simplesmente remover membros da membresia da igreja e da Mesa do Senhor (uma pessoa é excomungada). Esta é uma forma da igreja dizer: "Não podemos mais ceder o nosso nome de reino corporativo para confirmar que este indivíduo é um cristão".

A RESPONSABILIDADE DA CONGREGAÇÃO

É claro que o fundamento de todo esse processo de discipulado foi o fato de que cada membro possuía a responsabilidade final de continuar a confirmar a profissão de fé de Daniel. Esse é o segundo aspecto a ser observado nesse resumo do programa de discipulado de Jesus: a responsabilidade da congregação. Os presbíteros lideraram o processo fazendo as suas recomendações em cada etapa. Mas a igreja ainda tinha uma decisão a tomar e uma ação a realizar.

Uma dinâmica semelhante aparece em 1 Coríntios 5 entre o apóstolo Paulo e a igreja de Corinto, onde Paulo os desafia sobre um adúltero no meio deles. Paulo diz sobre o adúltero: "Eu já pronunciei julgamento sobre quem fez tal coisa" (1Co 5.3, versão do autor). Depois, ele convoca a igreja a exercer julgamento por eles mesmos: "Não *julgais* vós os de dentro?" (v. 12, itálico acrescentado). O substantivo no versículo 3 ("julgamento") assume uma forma verbal no versículo 12 ("julgais"). O que Paulo fez, a igreja devia fazer. Eles assumiram a responsabilidade final, pois, Paulo nem sempre estaria lá para ajudá-los em suas decisões.

Assim ocorreu em minha igreja. Nós presbíteros pronunciamos um julgamento entre nós sobre Daniel em nossas reuniões de presbíteros de quinta-feira à noite. Depois, nos dirigimos à congregação e pedimos que eles exercessem o mesmo julgamento por si mesmos em nossas assembleia de membros na noite de domingo. Nós colocamos a decisão nas mãos da congregação, porque entendemos a partir da Escritura que a responsabilidade finalmente pertence a eles.

TOMANDO DECISÕES E CONSTRUINDO RELACIONAMENTOS: UM CICLO VIRTUOSO

Concentrar-se apenas em uma reunião de duas horas, contudo, pode fazer com que você perca o panorama mais amplo. A responsabilidade de agir da igreja na assembleia é parte integrante de sua responsabilidade maior de cuidar uns dos outros ao longo da semana. O fato é que se você se concentrar apenas na reunião, está apenas olhando para uma fotografia. O que realmente precisamos é de uma filmadora que registre a vida comunitária dos membros antes e depois das assembleias.

Lembre-se do que eu disse no último capítulo sobre a relação entre tomar decisões em uma assembleia e construir relacionamentos fora dela. Há um ciclo virtuoso entre essas duas ações. Uma beneficia a outra. Como ficou claro, Daniel fez-se inacessível para a igreja fora de nossas assembleias de membros. Ele não queria ouvir ninguém. A esposa e os filhos de Daniel, no entanto, foram rapidamente acolhidos pela congregação: ajudados com refeições, moradia, acompanhamento para as crianças, finanças e muito mais. Todas estas questões relativas à "vida juntos" fora da assembleia deu integridade, significado e honestidade para as decisões requeridas da igreja no momento da reunião.

A igreja poderia ter apenas aceitado a palavra dos presbíteros em relação ao que Daniel fez. Mas eles não precisavam fazê-lo. Eles cuidam dos filhos de Daniel para que a esposa dele, agora na prática uma mãe solteira, cumpra os seus compromissos. Eles compartilharam a dor em seu rosto e o cansaço em seus ombros.

Mas não é apenas o que acontece fora da assembleia que enriquece e dá credibilidade ao que fazemos na reunião. As assembleias nos ajudam a compreender nossa responsabilidade compartilhada por Daniel, por sua esposa e por seus filhos fora da reunião. As assembleias nos conferem responsabilidade e comissão no programa de cuidado e discipulado. "Ah, sim, eu sou responsável por eles. É melhor eu agir".

CONGREGACIONALISMO *VERSUS* NÃO-CONGREGACIONALISMO

Até agora, usei uma ilustração para o congregacionalismo liderado por presbíteros que envolve a excomunhão. Porém, há muito mais para o trabalho de uma congregação, a maior parte dele gera alegria, como escolher presbíteros ou receber membros. A essência da autoridade congregacional gira em torno do que cremos e do que somos, ou o que chamarei no capítulo 4 como o *que* e o *quem* do evangelho. Todo membro deve conhecer o evangelho o suficiente para protegê-lo. Todo membro deve conhecer bem os outros membros para ajuda-los a permanecerem fiéis ao evangelho. Cada membro deve se esforçar para ajudar uma igreja a permanecer fiel de uma geração para a outra, e consagrada ao Senhor. Lembre-se do que eu disse no último capítulo: o evangelho produz uma ordem do evangelho, e essa ordem do evangelho por sua vez manifesta e protege o evangelho. O congregacionalismo liderado por presbíteros é fundamentalmente sobre viver e guardar o evangelho.

Considere uma igreja não-congregacional, em comparação. Somente um pequeno grupo de indivíduos possui a responsabilidade final pelo ministério evangélico da igreja e por sua fidelidade. Só eles devem conhecer bem os membros da igreja para discernir hipócritas e hereges. Só eles devem proteger a doutrina correta. Apenas eles são finalmente responsáveis pela preservação da igreja. A diferença é profunda.

Você pode comparar um modelo congregacional e um modelo não-congregacional de governo da igreja a duas diferentes turmas de exercícios, uma em que o treinador realiza o treino enquanto toda a turma assiste e outra em que o treinador demonstra os exercícios e depois diz a todos para começarem a se exercitar. Que turma será mais saudável? Ou considere duas diferentes equipes de construção, uma onde apenas o mestre de obras trabalha na construção, e outra onde toda a equipe trabalha. Que grupo construirá mais casas?

No congregacionalismo liderado por presbíteros, o encontro semanal visa o treinamento para o trabalho. Nesses encontros os pastores preparam os membros para conhecer o evangelho, para viver segundo o evangelho, para proteger o testemunho evangélico da igreja e para estender o alcance do evangelho na vida uns dos outros e entre os que estão fora. Os pastores preparam os santos para edificar a igreja, diz Paulo (Ef 4.11-13). Quem edifica a igreja? Os membros.

Ademais, isso significa que o governo da igreja nunca fica esquecido na vida do cristão. Não o deixamos no edifício da igreja antes de sairmos por suas portas. Durante toda a semana, cada membro da igreja se esforça para promover e proteger a igreja. Durante toda a semana, você se esforça para separar o santo do profano, tanto em sua vida como na vida de seus irmãos de igreja.

O congregacionalismo liderado por presbíteros nos oferece o programa de discipulado *diário* de Jesus. O congregacionalismo treina e fortalece os cristãos, ensina-os a reconhecer as falsificações, protege o testemunho evangélico da igreja, incentiva a comunhão, protege contra a complacência e a mera profissão de fé exterior e capacita os santos a cumprir a missão da igreja.

O PONTO PRINCIPAL: VOCÊ TEM UM TRABALHO A FAZER

Então, ali está: a imagem completa do quebra-cabeça na caixa. Esse é o congregacionalismo liderado por presbíteros. E a imagem ilustra que você e seus presbíteros têm um trabalho a fazer. Juntamente com os outros membros de sua igreja, *você* é finalmente responsável pela fidelidade evangélica da igreja. *Seus presbíteros* são responsáveis por treiná-lo para realizar esse trabalho.

Agora, para olharmos as peças uma a uma, voltamo-nos às Escrituras.

CAPÍTULO 3

ADÃO TINHA UM TRABALHO

Se eu tivesse 40 segundos com você em um elevador, e você me perguntasse onde o congregacionalismo é encontrado na Bíblia, eu diria algo semelhante a isso:

> "Bem, em Mateus 18.15-20, Jesus dá à igreja local a autoridade final em um caso de disciplina eclesiástica. Paulo faz o mesmo em 1 Coríntios 5. Ele não diz aos líderes para excluírem o adúltero impenitente da igreja. Ele diz à igreja para fazê-lo. Depois, em Gálatas 1.6-9, Paulo trata as igrejas de Gálatas como capazes de remover ele mesmo — um apóstolo! — caso ensinasse um evangelho falso. E em 2 Coríntios 2.6, Paulo se refere a um caso de disciplina eclesiástica ter sido decidido por uma "maioria". E tudo isso, eu diria, argumenta que a congregação reunida possui autoridade final sobre o *quem* e o *que* do evangelho".

Estou supondo que conseguiria dizer isso em um elevador, pelo menos se o percurso fosse entre dois andares.

Mas, digamos que você conhecesse alguma coisa sobre a forma de governo eclesiástico presbiteriana ou anglicana. Você poderia sair do elevador, olhar de volta para mim e dizer no tempo que leva para a porta do elevador fechar: "Mas o que acontece com Hebreus 13.17: 'Obedecei aos vossos guias e sede submissos para com eles'?"

A conversa, agora concluída pelo fechamento da porta do elevador, nos deixa em uma das duas posições onde a maioria das pessoas que tem pensado sobre o tema por mais de 40 segundos se colocam: Ou olhando para o conjunto de versículos da Bíblia que dão autoridade à congregação, ou olhando para o conjunto de versículos que dão autoridade aos líderes. A tentação é sempre escolher o seu conjunto favorito de versículos e ignorar o outro conjunto. E todos têm os seus favoritos. Os católicos romanos amam Mateus 16. Os batistas, Mateus 18 e 1 Coríntios 5. Os anglicanos e os presbiterianos, Atos 15 e Hebreus 13. Em última análise, precisamos dos dois conjuntos de versículos para o programa de discipulado de Jesus, porque isso nos dá as duas metades do congregacionalismo liderado por presbíteros. Mas, entender o que a Bíblia diz sobre o governo da igreja leva mais do que uma conversa de 40 segundos no elevador e recitar nossos textos de prova favoritos. Por mais surpreendente que pareça, precisamos traçar uma linha histórica que percorra toda a Bíblia, uma história que é especialmente importante para entender a parte congregacional do congregacionalismo liderado por presbíteros. Na verdade, é essa história que dá ao membro da igreja o título do seu trabalho: *rei-sacerdote*.

Esse título parece estranho? É o trabalho ou ofício que Deus primeiramente deu a Adão em Gênesis 1 e 2. Depois foi passado para Abraão, em seguida para Israel e depois para Davi, e então foi cumprido na pessoa e na obra de Jesus Cristo, a quem a igreja está unida.

Analisaremos isso de modo mais detalhado nos próximos dois capítulos, mas é suficiente dizer por enquanto que tornar uma pessoa um membro da igreja é restabelecer essa pessoa no cargo de rei-sacerdote que começou com Adão. Como rei-sacerdote no Éden, Adão deveria "cultivar" e "vigiar" o jardim em que Deus o havia posto (Gênesis 2.15). Ele deveria manter consagrado a Deus o lugar onde Deus habitava, cultivando e protegendo-o do mal. Assim é hoje com cada membro da igreja. Cada membro também é convocado a cultivar e vigiar a habitação de Deus, a igreja, mantendo-a consagrada a Deus. Explicarei o ofício de rei-sacerdote neste capítulo e, em seguida, o conectarei mais claramente aos membros da igreja no próximo capítulo.

Então, o que é um rei-sacerdote?

A HISTÓRIA DO REI-SACERDOTE: ADÃO

Toda a história bíblica começa com a aliança de Deus com Adão. Deus criou Adão e imediatamente o estabeleceu como rei sobre o restante da criação. Ele disse a Adão: "Sede fecundos, multiplicai-vos, enchei a terra e sujeitai-a; dominai sobre os peixes do mar, sobre as aves dos céus e sobre todo animal que rasteja pela terra" (Gênesis 1.28). Adão, este primeiro rei, deveria avançar as fronteiras do Éden, encher a terra de filhos, subjugar um novo território e governar sobre tudo.

Em Gênesis 2, Deus diz a Adão para "cultivar" e "vigiar" o jardim do Éden (v. 15). Notavelmente, esta era a mesma descrição do trabalho que Deus daria aos sacerdotes de Israel, ou seja, "cultivar" e "vigiar" o tabernáculo/templo, mantendo-o consagrado ao Senhor (Nm 3.7-8, 8.26, 18.5-6). Para isso, os sacerdotes foram encarregados de nomear as coisas como "puras" ou "impuras", "santas" ou "profanas". Deus habitava de modo especial no templo e, portanto, a obra do sacerdote era manter o templo como um lugar santo. O trabalho de Adão era o mesmo que o dos sacerdotes — preservar e proteger o jardim como um lugar santo, como a habitação do próprio Deus.

> O QUE É UM REI-SACERDOTE?
> Se um rei governa, um rei-sacerdote governa em nome de um rei maior, Deus. Ou seja, o rei-sacerdote faz a mediação entre o governo de Deus e age de modo a proteger o que é santo.

Agora, normalmente, pensamos em reis como sentados em um trono elevado. Mas observe que o rei Adão estava sob Deus. Ele era, em outras palavras, um rei *mediador*, e ele também era — você poderia dizer — um rei-sacerdote, encarregado de *fazer a mediação* entre Deus e a criação (Isso é o que um sacerdote faz — ele *faz a mediação* ou permanece entre Deus e as suas criaturas). No início, o templo de Deus não era um edifício particular. Era o jardim. Desde que Deus habitava lá, Adão era o responsável por manter o santo separado do profano, consagrado ao Senhor. E ele devia fazer isso protegendo o jardim: "Adão, mantenha vigilância contra as serpentes mentirosas. E não se esqueça de transmitir as minhas ordens para a sua esposa também".

Além de ser uma pessoa real e histórica, é importante notar que Adão também era "todos os homens", ou seja, representava todos nós. O Salmo 8 ensina que Deus fez de cada ser humano um rei como Adão. Deus "coroou" e fez de cada ser humano "senhor" sobre a obra das mãos de Deus (Salmo 8.4-8). De modo impressionante, a humanidade é uma democracia de reis!

ABRAÃO, MOISÉS, DAVI E UMA NOVA ALIANÇA

Infelizmente, Adão não viveu como o rei-sacerdote perfeito. Ele não representou o governo de Deus, mas buscou o seu próprio governo. Então, Deus reprovou Adão, expulsando-o do jardim.

Abraão

Depois, Deus ofereceu o trabalho a Abraão. Mas, desta vez, Deus não apenas ordenou: "Sede fecundos". Em vez disso, ele prometeu: "Far-te-ei fecundo extraordinariamente, de ti farei nações, e reis procederão de ti" (Gn 17.6).

O próprio Deus cumpriu em Abraão o que ele ordenou a Adão. Abraão seria esse rei mediador, ou rei-sacerdote. As nações seriam abençoadas por meio dele, enquanto ele ensinava os seus filhos a guardar o caminho do SENHOR e a praticar a justiça e o juízo (Gn 18.18-19).

Moisés

Deus explicou mais plenamente "o caminho do SENHOR" por meio da aliança com Moisés e com o povo de Israel. Antes de entregar a Moisés e a Israel esta aliança, Deus disse: "Agora, pois, se diligentemente ouvirdes a minha voz e guardardes a minha aliança, então, sereis a minha propriedade peculiar dentre todos os povos..." e "vós me sereis reino de sacerdotes e nação santa" (Êx 19.5-6). O que era um ofício individual se tornou um ofício corporativo.

Toda a nação agora ocuparia o cargo de rei-sacerdote. Juntos, eles demonstrariam como é a santidade ao serem um povo consagrado ao Senhor.

De modo curioso, a Aliança Mosaica também separou uma classe de cidadãos conhecida como sacerdotes. O propósito deste ofício era ressaltar o que significa ser santo ou consagrado ao Senhor.

Davi

Deus também separou o cargo de rei por meio da aliança com Davi e ordenou ao rei que escrevesse uma cópia de sua lei, para lê-la todos os dias de sua vida, para temer ao Senhor e o obedecer (Dt 17.18-19). O trabalho de Davi não era ser um sacerdote, mas seu governo deveria ser sacerdotal.

Tragicamente, a história de Israel e seus reis poderia ser intitulada "A Queda — Parte Dois". Agora o drama se estendeu ao longo de um milênio e foi estabelecido em um cenário internacional. A lição era clara: não podemos salvar a nós mesmos ou caminhar por nós mesmos em justiça. Precisamos do próprio Deus para corrigir nosso problema da culpa e nosso problema da obediência.

Uma Nova Aliança

Então, Deus prometeu uma nova aliança, uma aliança mediante a qual Deus providenciaria o perdão dos pecados e capacitaria o povo a obedecer, escrevendo a sua lei em seus corações (Is 53-54; Jr 31.31-34; Ez 36.24-27). A morada do povo de Deus se tornaria novamente "como o jardim do Éden" (Ez 36.35).

Além disso, o povo de Deus não seria mais dependente dos ofícios de sacerdote do templo ou do rei davídico para conhecer a Deus. "Não ensinará jamais cada um ao seu próximo, nem cada um ao seu irmão, dizendo: Conhece ao SENHOR, porque todos me conhecerão, desde o menor até ao maior deles, diz o SENHOR" (Jr 31.34). Estes dois ofícios acabariam para cada membro da aliança. Todos teriam acesso direto e igual a Deus e ao conhecimento dele. O cargo de rei-sacerdote seria democratizado mais uma vez.

JESUS E A IGREJA

Jesus

A Bíblia tem muitos nomes para Jesus com base na obra que ele veio fazer. Dentre esses nomes, ele é caracterizado como o novo Adão, a semente de Abraão, o novo Israel e o filho Davi. Por quê? Porque ele, finalmente, fez o trabalho que estes deveriam fazer, mas não conseguiram. Ele foi o sacerdote e rei perfeito em sua vida, morte e ressurreição.

Jesus governa em nome de Deus como o primogênito de uma nova criação. Ele visivelmente restabeleceu o reino de Deus em sua própria pessoa. E como Adão, ele era um Representante. Mas este Representante não trouxe a morte, ele trouxe a vida. Ele ofereceu uma nova aliança em seu sangue, um sacrifício de expiação pelo qual não somente fomos perdoados do pecado, mas realmente *unidos* a ele, de modo que o que ele é, nós somos.

Esta é a glória do evangelho. Somos ressuscitados porque ele ressuscitou. Somos declarados justos porque ele foi declarado justo. E — aqui está o segredo — nós reinamos porque ele reina!

Você percebe? Quando você se une a Cristo pela fé, o mesmo ofício que ele tem, você passa a ter. Você se tornou, por causa de sua união com ele, um rei-sacerdote, mais uma vez. É por isso que Pedro pode dizer: "Vós, porém, sois raça eleita, sacerdócio real, nação santa, povo de propriedade exclusiva de Deus" (1Pe 2.9). Medite nessas quatro qualificações. Os cristãos são:

- uma nova raça criada (novos Adões),
- uma democracia de sacerdotes governantes (como Adão),
- uma nação separada (um novo Israel),
- e um povo para Deus.

A igreja ocupa esse ofício corporativamente, como Israel. Mas também, cada membro da igreja ocupa esse ofício individualmente, como Adão. Não há classe separada de sacerdotes ou reis.

Cada membro de sua igreja tem ambos os ofícios: Tiago, Simone, Fred, Carlos, Francisco, Enoque, Isabela, Ana... Todos são reis e sacerdotes, em virtude da sua união com Cristo.

A RESPONSABILIDADE DE UM REI-SACERDOTE

Este relato sobre o rei-sacerdote na Bíblia, começando com Adão, é crucial quando pensamos em quem possui a autoridade na igreja.

Vamos começar com as responsabilidades de um rei-sacerdote. Como Adão deveria cumprir os seus deveres *reais*? Trabalhando, cultivando e avançando os limites do jardim. Como ele deveria cumprir os seus deveres *sacerdotais*? Vigiando o jardim e mantendo-o consagrado ao Senhor e aos propósitos do Senhor.

Os cristãos, os reis-sacerdotes do Novo Testamento, também devem trabalhar e vigiar algo. O que? A igreja, o templo do Novo Testamento (1Co 3.16, 6.19; 1Pe 2.4-8). Deus habita especialmente entre eles, assim como habitou no jardim de Adão e no templo de Israel: "Porque, onde estiverem dois ou três reunidos em meu nome, ali estou no meio deles" (Mt 18.20). Portanto, cada membro da igreja universal de Cristo é responsável por manter o santo separado do profano na igreja. E os cristãos devem fazer isso no próprio lugar onde a igreja universal se torna visível: a igreja local. Esses membros da igreja, além disso, são responsáveis por serem fecundos, multiplicar e governar como reis. Como? Indo, fazendo discípulos, batizando e ensinando (Mt 28.19-20). O trabalho de Adão torna-se o trabalho de cada cristão e de cada membro da igreja.

Encorajando os coríntios em seu trabalho de proteção sacerdotal, Paulo demanda que os membros da igreja de Corinto considerem cuidadosamente com quem eles estavam se associando. Observe como Paulo fala com eles como se fossem sacerdotes do Antigo Testamento, responsáveis por manter o santo separado do profano:

> Não vos ponhais em jugo desigual com os incrédulos; porquanto que sociedade pode haver entre a justiça e a iniquidade? Ou que comunhão, da luz com as trevas? Que harmonia, entre Cristo e o Maligno? Ou que união, do crente com o incrédulo?... Porque nós somos santuário do Deus vivente, como ele próprio disse: Habitarei e andarei entre eles; serei o seu Deus, e eles serão o meu povo. Por isso, retirai-vos do meio deles, separai-vos, diz o Senhor; não toqueis em coisas impuras; e eu vos receberei. (2Co 6.14-17)

Paulo não está falando sobre manter os incensários do templo e os vasos cerimonialmente limpos. Ele está falando de permanecer separado de pessoas que professam ser cristãs, mas cujo falso ensino ou vida indicam o contrário. Paulo intenciona que cada cristão, como parte de seu dever sacerdotal, mantenha vigilância sobre quem pertence e quem não pertence à igreja.

E esta obra sacerdotal de vigiar a igreja está unida ao trabalho real de expansão e de multiplicação. Paulo, apenas alguns versículos antes, afirmou que ele e os coríntios eram "embaixadores de Cristo" que possuíam um "ministério de reconciliação" (5.18, 20). Por meio da evangelização, os membros da igreja de Corinto deveriam fazer o que pudessem para avançar os limites da igreja — como Adão no jardim — subjugando o território dos corações humanos em nome do grande Rei.

A CAPACIDADE DE UM REI-SACERDOTE

No entanto, o Novo Testamento trata os crentes não apenas como responsáveis por fazer o trabalho de um rei-sacerdote, mas como *capazes* de fazê-lo.

Pense novamente na promessa de Jeremias de um governo sacerdotal democratizado: "Não ensinará jamais cada um ao seu próximo, nem cada um ao seu irmão, dizendo: Conhece ao SENHOR, porque todos me conhecerão, desde o menor até ao maior deles, diz o SENHOR". Esta é a lição que Jesus e os apóstolos aplicam à igreja. Jesus diz aos seus discípulos para não serem chamados de "Rabi" porque há apenas um Mestre (Mateus 23.8). Paulo diz que a igreja não foi ensinada pela sabedoria humana, mas pelo Espírito (1Co 2.10-16). João diz que os santos foram ungidos e não precisam de um mestre (1Jo 2.20, 27; veja também Mateus 23.8).

Em suma, o Novo Testamento afirma que o Espírito Santo habita em cada crente, capacitando-o a separar o verdadeiro evangelho de um falso evangelho, ou um verdadeiro conhecimento de Deus de um falso conhecimento. Os crentes são responsáveis por serem reis e sacerdotes de Cristo, e eles são capazes de sê-lo.

Uma implicação é que os cristãos também são responsáveis e capazes de afirmar o *que* é considerado como uma verdadeira doutrina. Por isso, o apóstolo João diz aos seus leitores (os cristãos comuns) que "provem os espíritos", o que eles fazem determinando se um espírito "confessa que Jesus Cristo veio em carne" (1Jo 4.1-2). Pedro deseja "despertar com lembranças a mente esclarecida" entre os seus leitores (cristãos comuns) para que eles possam permanecer vigilantes para discernir entre ensinos falsos e verdadeiros (2Pe 3.1-2, 17-18). E Paulo adverte os seus leitores (cristãos comuns) por aceitarem escutar um evangelho errado em suas igrejas (Gl 1.6-9). Os santos não precisam da formação em um seminário para discernir entre o bom e o mau ensino. Eles não precisam ser ordenados. O Espírito de Deus e as Escrituras fornecem todo o treinamento que eles precisam.

Uma segunda implicação é que os cristãos são responsáveis e capazes de afirmar *quem* pertence ao evangelho e a Deus. Eles devem ser capazes de avaliar as profissões de fé uns dos outros. Essa implicação é evidente em nossos textos de Mateus 18 e 1 Coríntios 5, os quais analisaremos mais adiante, no próximo capítulo.

CONCLUSÃO

Tenho certeza de que você já notou que eu ainda não examinei os textos mais importantes do Novo Testamento em favor do congregacionalismo. Sim, mencionei-os brevemente, mas não dedicamos tempo para considerá-los com cuidado, muito menos temos considerado como eles se relacionam com outros versículos que confirmam a liderança do pastor ou dos presbíteros.

Em vez disso, busquei lhe mostrar que muito mais está acontecendo aqui além do que os textos possam expressar. Algo grande está se desenrolando na história bíblica, uma história mais épica do que uma trilogia do *Senhor dos Anéis* ou da saga *Guerra nas Estrelas*. Deus delegou Adão como rei-sacerdote. Contudo, Adão se rebelou e foi exilado. O cetro real e a mitra sacerdotal passaram depois para Abraão, para Israel, para Davi e, finalmente, para o Filho amado, o último Representante. Jesus, esta cabeça do povo da nova aliança de Deus, cumpriu perfeitamente o ofício de rei-sacerdote, tanto por si mesmo como em lugar do seu povo.

Porém, ainda mais surpreendentemente, essas pessoas — você e eu, se somos cristãos! — foram admitidas e delegada por meio de Cristo para cumprir o ofício original de Adão. Isso envolve representar a Cristo, buscar expandir o alcance do reino de Cristo e guardar o povo de Deus em santidade, o que significa vigiar tanto o *que* do conhecimento de Deus quanto o *quem* do povo de Deus. Todo cristão tem esse dever. Portanto, um pastor, um presbitério ou um bispo que impeça os membros da igreja de realizarem este trabalho, essencialmente os *desobriga* do trabalho que Deus, em Cristo, os encarregou de fazer.

Pelo menos, é o que a sequência da história bíblica parece afirmar. O que mais o Novo Testamento diz?

CAPÍTULO 4

AGORA, JESUS OFERECE O TRABALHO À SUA IGREJA

No último capítulo, argumentei que se tornar cristão significa ser reestabelecido no cargo de rei-sacerdote de Adão. Mas, como você realiza exatamente essa tarefa? Você é convocado por Jesus, mas como você realmente se apresenta para o trabalho? Resposta: você é batizado e se une a uma igreja. A membresia à igreja é o que torna pública e prática a sua tarefa de rei-sacerdote.

> A membresia à igreja torna pública e prática a sua tarefa de rei-sacerdote.

Protestantes gostam de falar sobre a Grande Comissão em Mateus 28. Mas há outros dois capítulos em Mateus sobre os quais eles não falam muito, porém são cruciais para entender corretamente o trabalho da igreja. Esses são Mateus 16 e 18, onde Jesus ensina sobre algo chamado "as chaves do reino". A questão é que Mateus 16 e 18 são as únicas passagens em que Jesus usa a palavra *igreja*, o que me diz que devemos prestar mais atenção a esses capítulos do que costumamos fazer. Não apenas isso, mas esses dois capítulos são realmente cruciais para a compreensão de Mateus 28 justamente porque os mesmos temas são abordados nos capítulos 16, 18 e 28. Uma advertência antes de prosseguirmos: Este capítulo oferecerá a explicação mais meticulosa e pormenorizada desse livro. Então, prepare-se para prosseguir lentamente. Mas, também é provável que seja o capítulo mais importante. Então, não deixe de lê-lo!

As quatro perguntas que este capítulo busca responder são:

- Que autoridade Jesus dá a uma congregação?
- O que exatamente é uma igreja?
- Como a igreja exerce a sua autoridade?
- Quando a igreja exerce a sua autoridade?

Ao responder a essas perguntas, teremos uma melhor compreensão sobre a natureza do seu trabalho e como você deve comparecer para o trabalho.

QUE AUTORIDADE JESUS DÁ A UMA CONGREGAÇÃO?

Que autoridade Jesus dá a cada igreja? Resposta: ele dá a cada igreja as chaves do reino.

Em Mateus 16.13, Jesus pergunta aos seus discípulos: "Quem diz o povo ser o Filho do Homem?", e novamente no versículo 15: "Quem dizeis que eu sou?". Jesus pergunta "quem" duas vezes, mas ele parece interessado tanto em um *que* quanto em um *quem*: O que é uma confissão correta? E quem de vocês a conhece?

Simão Pedro responde: "Tu és o Cristo, o Filho do Deus vivo" (v. 16). Jesus confirma a resposta de Pedro em nome de "meu Pai, que está nos céus" (v. 17). E, depois, Jesus observa:

> Também eu te digo que tu és Pedro, e sobre esta pedra edificarei a minha igreja, e as portas do inferno não prevalecerão contra ela. Dar-te-ei as chaves do reino dos céus; o que ligares na terra terá sido ligado nos céus; e o que desligares na terra terá sido desligado nos céus. (Mt 16.18-19)

Observe o que Jesus faz aqui. Em primeiro lugar, ele promete que edificará a sua igreja sobre esta pedra — este confessor confessando a confissão correta. Em segundo lugar, para edificar esta igreja, Jesus dá a Pedro, quem representa os apóstolos, as chaves do reino para ligar e desligar.

Mas Pedro e os apóstolos não são os únicos a receber as chaves. Se formos para Mateus 18, vemos que

Jesus também dá as chaves para uma congregação reunida: uma igreja local. O contexto é um cenário de disciplina da igreja em que um "irmão", ou cristão, é surpreendido em pecado:

> Se teu irmão pecar [contra ti], vai argui-lo entre ti e ele só. Se ele te ouvir, ganhaste a teu irmão. Se, porém, não te ouvir, toma ainda contigo uma ou duas pessoas, para que, pelo depoimento de duas ou três testemunhas, toda palavra se estabeleça. E, se ele não os atender, dize-o à igreja; e, se recusar ouvir também a igreja, considera-o como gentio e publicano (vv. 15-17).

O cenário prevê três etapas de avaliação e julgamento sobre o pecado de uma pessoa. Primeiro, uma pessoa deve confrontar, avaliar e julgar. Depois, dois ou três devem repetir o processo. Em seguida, toda a igreja deve avaliar e julgar. Jesus não conclui o processo com os líderes da igreja. Ele progride de um, para alguns, até uma assembleia, que é uma tradução literal da palavra *igreja*. E *assembleia* significa congregação. Deixar um subgrupo da igreja (como os líderes) remover um membro não apenas interrompe a progressão numérica de Jesus, como também divide a igreja. Alguns sabem que a pessoa está fora, alguns não. Essa não é a situação que Jesus descreve aqui. Em vez disso, toda a congregação é o tribunal de apelação final para avaliação e julgamento.

O verso 18 confirma esse fato: "Em verdade vos digo que tudo o que ligardes na terra terá sido ligado nos céus, e tudo o que desligardes na terra terá sido desligado nos céus". Parece familiar? Isso é porque se trata da linguagem que Jesus usou quando falou sobre as chaves com Pedro. Só que desta vez, ele não está falando com apenas uma pessoa. O sujeito no versículo 18 é plural. A questão principal é que Jesus está dando as chaves do reino para a igreja reunida. A igreja reunida tem a autoridade para remover alguém da membresia (v. 17) porque possui as chaves de ligar e desligar (v. 18).

Tudo isso pode parecer um pouco complicado. Mas, observe o título desse livro: *Entendendo a Autoridade da Congregação*. Agora estamos na essência do entendimento da autoridade da igreja. A igreja reunida tem autoridade porque Jesus lhe deu as chaves do reino. Não ao papa. Não aos presbíteros. Não a uma assembleia geral. Nenhum destes aparece em Mateus 18, e em nenhuma outra passagem do Novo Testamento tais grupos são vinculados às chaves.

Ainda assim, ficamos com a questão principal: O que significa dizer que as igrejas possuem a autoridade das chaves para ligar ou desligar? Como tenho abordado longamente em várias outras obras, isso significa que as igrejas podem exercer a mesma autoridade que Jesus exerceu com Pedro no capítulo 16, ou que a igreja local exerce no capítulo 18: a autoridade de estar diante de um confessor do evangelho, considerar a sua confissão e vida evangélica e anunciar um julgamento oficial em nome de Deus: "Isso é ou não é uma confissão correta do evangelho" e "Esse é ou não é um verdadeiro confessor do evangelho". Usar as chaves é fazer um julgamento sobre um *"que"* do evangelho e um *"quem"* do evangelho, uma confissão e um confessor.

O trabalho é bem comparável ao feito por um juiz no tribunal. Um juiz não produz a lei; e ele não torna uma pessoa inocente ou culpada. Ele interpreta a lei; ele "interpreta" a pessoa; e, então, ele pronuncia o julgamento. Ele bate o martelo e pronuncia "culpado" ou "inocente".

> O QUE É A AUTORIDADE DAS CHAVES?
>
> É a autoridade para pronunciar o julgamento do céu sobre o que e quem do evangelho: confissões e confessores. Mais concretamente, é a autoridade para escrever e confirmar declarações de fé e para adicionar ou remover nomes no rol de membros da igreja.

Assim é com o uso das chaves pelas igrejas. Elas não produzem o que o evangelho é. Elas não tornam uma pessoa cristã ou não. Em vez disso, elas ouvem o que um cristão está confessando; consideram a vida do confessor e fazem um julgamento em nome do céu. Elas fazem um pronunciamento público com "a batida de um martelo": "É um membro da igreja" ou "Não é um membro".

Esse pronunciamento não se limita a *ensinar*, como um professor de direito ensina sobre a lei em sua sala de aula. Esse pronunciamento *liga* (ou *desliga*). Como o pronunciamento de "culpado" ou "inocente" de um juiz. E quando um juiz se pronuncia, seu veredito desencadeia uma série de consequências e/ou benefícios legais.

O mesmo ocorre quando as igrejas falam em nome de Cristo. Seus pronunciamentos têm efeitos, consequências e benefícios reais. Eles trazem uma pessoa à membresia ou removem uma pessoa dela.

Em outras palavras, as chaves tornam "visível" a membresia da nova aliança e a cidadania no reino de Cristo. Pense nisso: a nação de Israel poderia ser identificada publicamente entre os povos da terra pela circuncisão, a guarda do *shabbath* e eventualmente uma terra. Israel era visível. Mas a participação no Espírito e pertencimento à nova aliança e ao reino de Cristo é invisível. Como você torna a participação visível? Como ela "se torna pública" para que os povos da terra saibam quem pertence e quem não? E como nós, cristãos, sabemos quem "nós" somos? Resposta: cristãos reunidos usam as chaves do reino para ligar e desligar.

Nos termos práticos, as chaves permitem que as igrejas locais escrevam e confirmem declarações de fé que definem o evangelho. E permitem que as igrejas acrescentem ou removam nomes em suas listas de membros, as quais definem quem é o povo de Deus.

Isso não é impressionante? Jesus não se dirigiu aos sábios, aos poderosos ou aos nobres para representar a sua autoridade no planeta Terra. Ele não solicitou aos reis, aos filósofos ou aos poetas, nem a universidades importantes ou a grupos de cardeais, que representassem o seu governo. Em vez disso, ele se dirigiu ao fraco, ao humilde e ao desprezado (1Co 1.26-28). Ele se dirigiu ao povo cristão comum e aos membros da igreja e lhes deu as chaves do reino dos céus. Ele disse: "Você fala por mim. Você faz um juízo real e sacerdotal para o Pai no céu. Diga às nações: 'Essa é uma confissão correta!' e 'Ele ou ela é um(a) verdadeiro(a) confessor(a)!'".

Que autoridade Cristo dá à congregação reunida? Ele lhe dá a autoridade das chaves.

ONDE AS CHAVES SÃO USADAS?

Havendo dito tudo isso, pode parecer que apenas um aspecto da igreja aparece nesses versículos. O que exatamente é uma igreja? Jesus a define em alguma passagem?

Na verdade, ele o faz em Mateus 18.20: "Porque, onde estiverem dois ou três reunidos em meu nome, ali estou no meio deles". Eu analisei toda esta passagem e versículo em maior profundidade em meu outro livro³, mas me permita dizer brevemente aqui que esse versículo não é sobre orar com um pequeno grupo em sua igreja. Este versículo é todo sobre autoridade.

Admito que o versículo 20 me confundiu por algum tempo. Por que Jesus diz "dois ou três"? Quem são estes? Bem, você precisa de pelo menos duas pessoas para ser uma igreja. Menos do que dois não é uma congregação.

> O QUE É MEMBRESIA DA IGREJA?
> Uma aliança entre crentes pela qual confirmam as profissões de fé uns dos outros através das ordenanças e concordam em supervisionar o discipulado a Cristo uns dos outros.

Mais importante ainda, Jesus está invocando o princípio que ele já mencionou no versículo 16: a antiga lei judaica sobre duas ou três testemunhas. Em Deuteronômio 19, Deus diz que duas ou três testemunhas devem concordar para que uma acusação formal em um tribunal judaico seja válida. Essa lei criou um poderoso testemunho da verdade, porque envolvia essas duas ou três testemunhas, testemunhado não

---

3 Jonathan Leeman, *Don't Fire Your Church Members: The Case For Congregationalism* (Nashville, TN: B&H Academic, 2016).

apenas da verdade da situação, mas também da verdade do testemunho uns dos outros *sobre* a verdade da situação! Mas agora Jesus toma essa antiga lei e a aplica a uma nova situação. Estes dois ou três se reúnem para testemunhar o nome de Jesus: "onde estiverem dois ou três reunidos em meu nome". Mas, ao testemunharem o nome de Jesus, eles precisam afirmar o seu acordo uns com os outros. Algo semelhante a isso:

Pessoa 1: "Você acabou de dizer que creu em Jesus. Eu também!".

Pessoa 2: "Isso é ótimo. Mas espere um segundo. Estamos falando do mesmo Jesus? Quero dizer, não estou falando sobre o "Jesus" dos Mórmons ou das Testemunhas de Jeová ou do Jesus que é apenas um grande mestre. Estou falando sobre o Jesus que é plenamente Deus e plenamente homem, e que morreu na cruz pelos pecados e ressuscitou".

Pessoa 1: "É exatamente de quem estou falando!".

Pessoa 2: "Ótimo, vamos nos reunir regularmente em nome dele para proclamá-lo".

Pessoa 1: "Você entendeu o que eu quis dizer!".

Pessoa 3: "Olá, eu tenho ouvido vocês conversarem. Posso me unir a vocês? Este é o mesmo Jesus que me redimiu também".

Pessoas 1 e 2: "Que maravilhosa!".

Observe que nessa situação, você tem duas ou três pessoas dispostas a testemunharem sobre quem é Jesus, testemunharem as profissões de fé uns dos outros e fazer tudo isso enquanto se reúnem regularmente. Aqui, nessa reunião, aquela antiga lei judaica se aplica e mantém os confessores juntos como uma espécie de "cola". Isso os *"liga"*, como uma aliança une.

Jesus, então, sela a aliança dizendo que ele está "entre eles". Isso não significa que ele paira no ambiente como uma névoa mística. Não, isso significa que ele identifica a sua pessoa e a sua autoridade com essas pessoas, assim como Deus fez com o povo de Israel por meio do templo. Ele quer dizer que estas pessoas podem erguer a sua bandeira. Lembre-se, o contexto é sobre usar as chaves e falar em nome do céu. Estes dois ou três tornam-se — por favor, rufem os tambores — uma igreja! E como uma igreja, eles são autorizados a usar as chaves e a falar oficialmente em nome do céu.

Então, quando você e alguns outros cristãos — Tiago, Simone, Fred, Carlos, Francisco, Enoque, Isabela, Ana, ou sejam quais forem os seus nomes — têm essa conversa que acabei de descrever e, então, vocês concordam em se reunir regularmente para proclamarem o nome de Jesus, ele promete colocar o seu nome e a sua autoridade na reunião de vocês e os considera como uma igreja! Vocês podem erguer a bandeira dele. E cada um de vocês agora são membros dessa igreja.

Isso é maravilhoso, não é?

A unidade básica da autoridade do reino na terra não está no Vaticano; não está na sede de uma determinada denominação; não está na reunião de seus presbíteros nas noites de quinta-feira; está em sua igreja reunida. Ademais, isso não é algo menor, como um pequeno grupo. Novamente, isso significaria divisão na igreja, cada pequeno grupo afirmando falar em nome de Jesus em relação a outros pequenos grupos. E Jesus não fez do "pequeno grupo" do final do século XX a sua unidade básica de autoridade do reino. A autoridade do Reino — a autoridade das chaves — está vinculada à igreja reunida.

Então, o que exatamente é uma igreja? Responderei isso um pouco mais elegantemente depois de discutir as ordenanças (próxima seção), porém apenas para dar uma definição mais breve — pense nisso como um esboço — podemos dizer que uma igreja é um grupo de cristãos que, com a autoridade das chaves de Cristo, pactuam entre si como seguidores de Cristo e concidadãos de seu reino, reunindo-se para proclamarem o seu nome.

COMO A IGREJA EXERCE A SUA AUTORIDADE?

Certo. Então, como uma igreja exerce a autoridade das chaves, exatamente? Resposta: Através do batismo e da Ceia do Senhor. Considere a Grande Comissão em Mateus 28.

Jesus, aproximando-se, falou-lhes, dizendo: Toda a autoridade me foi dada no céu e na terra. Ide, portanto, fazei discípulos de todas as nações, batizando-os em nome do Pai, e do Filho, e do Espírito Santo; ensinando-os a guardar todas as coisas que vos tenho ordenado. E eis que estou convosco todos os dias até à consumação do século (vv. 18-20).

Três coisas precisam ser observadas aqui:
Primeiro, fazer um discípulo nos obriga a batizar e ensinar.

Segundo, o batismo identifica publicamente alguém com Deus. Uma pessoa é batizada "em nome" do Pai, do Filho e do Espírito. O batismo dá a uma pessoa uma identificação com o nome de Jesus.

Terceiro, Jesus novamente une a sua presença a esses discípulos que batizam e ensinam: "E eis que estou convosco todos os dias até à consumação do século".

Unindo essas observações, acho que fica claro que não devemos ler Mateus 28 isoladamente, como os cristãos costumam fazer, mas com os capítulos 16 e 18 de Mateus em mente. As pessoas que se reúnem em nome de Cristo com as chaves na mão, presumivelmente, possuem a autoridade para batizar em nome de Cristo. E as pessoas com quem ele agora habita, presumivelmente, são as pessoas com quem ele habitará eternamente. Se Mateus 16 e 18 autorizam as igrejas a representarem o céu, Mateus 28 mostra como elas começam a trabalhar. Isso significa, de modo crucial, que a Grande Comissão é dada às igrejas, não apenas aos cristãos individuais.

> Igrejas, não apenas os cristãos individuais, cumprem a Grande Comissão.

Uma segunda implicação segue: as responsabilidades de um membro da igreja incluem não apenas usar as chaves, mas cumprir a Grande Comissão, fazendo discípulos. Certamente, compartilhar o evangelho, confirmar o evangelho, admitir pessoas na membresia e proteger a igreja de hipócritas e de hereges, todos devem funcionar juntamente. Todas estas ações se reforçam mutuamente e fazem parte do *fazer discípulos*.

Finalmente, pense na Ceia do Senhor, na nova aliança e na igreja. A Ceia é um sinal da aliança. "Porque isto é o meu sangue, o sangue da [nova] aliança" (Mt 26.28). Além disso, a Ceia revela uma igreja como sendo uma igreja. Paulo diz: "Porque nós, embora muitos, somos unicamente um pão, um só corpo; porque todos participamos do único pão" (1Co 10.17, 11.29). Não devemos nos surpreender, então, que Paulo reserve a Ceia para as reuniões da igreja: "Assim, pois, irmãos meus, quando vos reunis para comer, esperai uns pelos outros" (1Co 11.33). Se o batismo é a nossa cerimônia inaugural na igreja, a Ceia do Senhor é a cerimônia permanente. O batismo é como uma porta; a Ceia do Senhor é como a refeição regular da família. E ambos proclamam às nações *quem* faz parte do povo de Cristo.

Como a igreja exerce a sua autoridade em relação às chaves? Por meio das ordenanças. E, novamente, o que é uma igreja? Uma igreja é um grupo de cristãos que juntos se identificam como seguidores de Jesus ao se reunirem regularmente em nome dele, pregarem o evangelho e celebrarem as ordenanças. Eles fazem tudo isso pela autoridade das chaves.

> O QUE É UMA IGREJA?
> Um grupo de cristãos que juntos se identificam como seguidores de Jesus ao se reunirem regularmente em nome dele, pregarem o evangelho e celebrarem as ordenanças.

A IGREJA EM AÇÃO

Voltando ao restante do Novo Testamento, nunca mais ouvimos o termo "as chaves", mas as vemos serem usadas. Os apóstolos usam as chaves (como em Atos 8.13-23 ou 1 Timóteo 1.20), assim como congregações inteiras as usam. Nunca, porém, vemos presbíteros ou pastores unilateralmente excomungando ou readmitindo pessoas. (Alguns chamam a atenção sobre Tito "constituindo" presbíteros [Tt 1.5], mas a palavra para *constituir* aqui implica o consentimento da congregação).

Em linguagem que lembra Mateus 18.20, Paulo enfrenta o adultério na igreja de Coríntios, dizendo: "Em nome do Senhor Jesus, reunidos vós e o meu espírito, com o poder de Jesus, nosso Senhor, entregue a Satanás para a destruição da carne, a fim de que o espírito seja salvo no Dia do Senhor [Jesus]" (1Co 5.4-5). Ele não solicita aos presbíteros que façam isso a portas fechadas. Ele solicita que a igreja se reúna em nome de Cristo e faça isso. A preocupação aqui, sem dúvida, é com o *quem* do evangelho: quem deve ser chamado de membro e quem não deve?

Há também uma preocupação com o *quem* do evangelho em 2 Coríntios 2.6, onde Paulo fala sobre a restauração de um homem que havia sido excomungado da igreja "pela maioria". A maioria apoiou a remoção deste homem da igreja, enquanto uma minoria não. É difícil imaginar como eles o determinaram a não ser por meio de uma votação.

Em Gálatas 1, por outro lado, Paulo expressa preocupação com o *que* do evangelho. Falando com as congregações (não com os líderes) da Galácia, ele diz que está surpreso por eles estarem se voltando para mestres que ensinam um falso evangelho. Eles deveriam rejeitar aqueles mestres: "Mas, ainda que nós ou mesmo um anjo vindo do céu vos pregue evangelho que vá além do que vos temos pregado, seja anátema" (v. 8). Se o evangelho está sendo ameaçado, os crentes no evangelho possuem autoridade superior a um apóstolo ou a um anjo do céu.

QUANDO A IGREJA DEVE EXERCER SUA AUTORIDADE?

Resta apenas uma pergunta nesse capítulo: quando a igreja exerce a sua autoridade? Certamente Jesus não deu às igrejas as chaves do reino para que elas se preocupassem com compras de fotocopiadoras ou cores de cortinas!

A resposta mais breve é dizer que as congregações devem votar para a recepção e para exclusão de membros (veja Mt 18; 1Co 5), bem como na escolha ou remoção de mestres (veja Gl 1). Estas são maneiras concretas de exercer autoridade sobre o *que* e o *quem* do evangelho.

O princípio mais amplo é que o trabalho como um rei-sacerdote exige que os membros assumam a responsabilidade por qualquer decisão em que a integridade da igreja como um ministério do evangelho esteja em questão. Os membros certamente devem estar envolvidos em eventuais mudanças em sua declaração de fé. Quão trágico, por exemplo, quando um presbitério anuncia a uma igreja que "nós temos" (significando presbíteros e igreja) uma nova definição de casamento. "É sério?!", Jesus gostaria que a congregação dissesse. De modo mais objetivo, a Bíblia não diz nada sobre os orçamentos da igreja, mas na medida em que o orçamento de uma igreja molda a natureza do ministério do evangelho em um tempo e em um lugar, pode ser sábio obter a aprovação da igreja em um orçamento anual.

Até certo ponto, o contexto afetará quais decisões a igreja inteira deve tomar. Uma igreja de cinquenta membros com um orçamento de R$ 100.000 pode admitir que a compra de uma van para a igreja que custa R$ 20.000 afetará a sua capacidade de pagar um pastor e, portanto, a durabilidade de seu ministério evangélico. Uma igreja com um orçamento de R$ 4.000.000 não sentirá essa pressão. Uma igreja pode desejar votar sobre a compra da van, enquanto a outra deixaria a decisão para os líderes.

O princípio básico que deve esclarecer onde toda a igreja toma decisões é: A questão impacta a capacidade da congregação de proteger o *que* e o *quem* do evangelho? De modo geral, a questão envolve a integridade e a viabilidade do ministério evangélico da igreja?

QUANDO A CONGREGAÇÃO DEVE VOTAR?
1) Ao receber, excluir ou disciplinar os membros. 2) Na escolha de presbíteros e diáconos. 3) Em qualquer outra questão que afete significativamente a integridade e a viabilidade da igreja como um ministério do evangelho.

A HISTÓRIA ÉPICA

Agora, podemos unir a linha histórica do capítulo 3 aos nossos textos de prova, após tê-los analisado. Você percebe a história épica?

Deus criou você como Adão, para ser um rei-sacerdote, mediando o próprio governo de Deus através do seu domínio sobre a criação. No entanto, como Adão, você se rebelou e rejeitou o governo de Deus. A salvação veio quando Cristo uniu você à nova aliança em seu sangue e lhe deu o seu Espírito. Você nasceu de novo. Você se arrependeu de buscar governar e si mesmo e seguiu o segundo Adão, o Rei e Sumo Sacerdote Jesus, confiando em sua vida perfeita e em sua morte, nas quais ele pagou pelo pecado; e em sua ressurreição, na qual ele venceu a morte. A promessa de Jeremias agora se aplica a você: "Não ensinará jamais cada um ao seu próximo, nem cada um ao seu irmão, dizendo: Conhece ao SENHOR, porque todos me conhecerão, desde o menor até ao maior deles, diz o SENHOR".

A fim de ser visivelmente reconhecido como um seguidor de Cristo e como um cidadão de seu reino, você se submeteu ao batismo em uma igreja local, porque Jesus concedeu a tais reuniões pactuais de crentes a autoridade para representar o domínio do céu na terra. Eles lhe batizaram em seu nome, se uniram a você e lhe restabeleceram ao ofício de rei-sacerdote de Adão. Você, portanto, se uniu a eles no trabalho de afirmar o domínio do céu na terra e manter o templo consagrado ao Senhor, o que significa declarar junto com a igreja: "Essa é uma verdadeira confissão" e "Esses são verdadeiros confessores".

Você permanece responsável perante Cristo e seu povo de forma contínua, participando regularmente da Ceia do Senhor, que declara a morte de Cristo e afirma a sua membresia ao único corpo, a igreja. Para isso você "examina a si mesmo" e também "discerne o corpo", porque sabe que seu trabalho, como um sacerdote, é proteger a separação entre o santo e o profano (1Co 11.28-29; também 2Co 6.14, 7.1).

Sua participação na igreja e na Ceia indicam que fora da reunião, você se reveste do nome de Cristo e que tudo o que você faz diz respeito a ele. Além disso, como um rei, você deseja conquistar território e trazer todas as coisas sob o domínio de Deus. Assim, você se esforça para fazer e para edificar discípulos, vivendo o evangelho em palavras e em ações entre os companheiros crentes e os entre os próximos incrédulos.

Assim é a vida de um rei-sacerdote. Assim é o trabalho de um membro da igreja.

CAPÍTULO 5

SEUS PASTORES TREINAM VOCÊ PARA O SEU TRABALHO

Cada membro da igreja possui a autoridade de um rei-sacerdote. Esta é uma autoridade para proteger e proclamar o evangelho ao longo dos sete dias da semana. E essa autoridade não pode ser impedida nem mesmo por um apóstolo ou por um anjo do céu. Assim, nós concluímos nos dois últimos capítulos.

Porém, há mais uma pergunta a ser respondida. Lembra-se do que você perguntou a mim quando saía do elevador no início do capítulo 3? Você perguntou: "Mas o que acontece com Hebreus 13.17: 'Obedecei aos vossos guias e sede submissos para com eles'?". E não somente Hebreus. Paulo se refere aos pastores ou presbíteros como "bispos" (ou "supervisores") que foram designados pelo Espírito Santo para pastorearem a igreja de Deus (At 20.28). Um supervisor deve supervisionar, certo? E Pedro, também, exorta os presbíteros a "pastorearem" e "supervisionarem" o rebanho de Deus (1Pe 5.2). Ele ainda diz aos jovens que "sejam submissos aos presbíteros" (v. 5).

Mas, a porta do elevador se fechou e não conseguimos concluir a conversa. O dilema básico era que algumas passagens bíblicas dão autoridade a toda a assembleia. Dedicamos dois capítulos considerando essas passagens. Outras passagens, como as que acabamos de citar, dão autoridade aos pastores ou aos presbíteros. Então, como conciliamos esses dois tipos de textos? Quem é o mais importante?

Este não é apenas um exercício intelectual. Se você é um congregacional convicto, espero que não esteja esperando que eu lhe dê alguma desculpa para *negligenciar* esses textos sobre a liderança pastoral, de modo que não tenhamos que prestar atenção a eles. Hebreus 13.17 afirma que obedecer aos nossos líderes é "proveitoso" para nós. E você e eu queremos ter proveito! Queremos o que é bom para as nossas almas.

Se os dois últimos capítulos se concentraram na parte do congregacionalismo no programa de discipulado de Jesus, chegamos agora à parte da liderança pelos presbíteros.

Presbiterianos, olhando para trás, para a Reforma, têm buscado explicar estas duas partes fazendo uma distinção entre *posse* e *exercício*. A igreja inteira possui autoridade, eles dizem, mas os líderes a exercem (O povo exerce autoridade ao eleger os seus líderes, mas não pode removê-los). Os presbiterianos continuam confiando nesta distinção.

Contudo, há pelo menos dois problemas com essa perspectiva. Em primeiro lugar, se a igreja não pode mais exercer autoridade depois de eleger os líderes, a igreja de fato não possui a autoridade. Ela foi "dispensada". E isso significa, em segundo lugar, que os membros não podem mais fazer o trabalho de um rei-sacerdote, protegendo o evangelho ou mantendo a separação entre o santo e o profano. Mesmo que eles apareçam no escritório um dia, encontrarão que as fechaduras foram mudadas e que as suas chaves já não servem. Eles podem saber que um presbítero é um lobo, ou que um diácono é uma serpente, mas eles serão incapazes de fazer qualquer coisa a esse respeito.

Há uma outra maneira de conciliar esses dois tipos de textos e explicar a relação entre a autoridade congregacional e a autoridade de presbíteros. Podemos dizer que toda a igreja, presbíteros e membros juntos, possuem o poder das chaves. Mas os presbíteros possuem uma autoridade adicional para ensinar e estabelecer o padrão de como as chaves devem ser usadas. Em vez de uma distinção entre posse e exercício para comparar a autoridade congregacional e a autoridade dos presbíteros, precisamos distinguir entre *posse* e *liderança no uso*.

Tudo isso nos oferece um congregacionalismo liderado por presbíteros, ou o programa de discipulado de Jesus.

A AUTORIDADE DE COMANDO E A AUTORIDADE DE CONSELHO

Posso explicar esta distinção entre autoridade da congregação e a autoridade dos presbíteros em três etapas. Passo um: permita-me lhe oferecer um modo de pensar sobre dois tipos diferentes de autoridade. Podemos distinguir entre uma *autoridade de comando* e uma *autoridade de conselho*.

Se você tem qualquer tipo de autoridade, você tem o direito de fazer comandos, e aqueles sob sua autoridade são moralmente obrigados a obedecer aos seus comandos (dentro de certos limites). A diferença é que alguém com uma autoridade de comando também tem o poder de fazer cumprir o que ele ou ela diz; enquanto alguém com uma autoridade de conselho não, mas deve confiar no poder da própria verdade ou em Jesus para fazê-la cumprir no Último Dia.

Por exemplo, príncipes e pais de crianças pequenas possuem o que estou chamando uma autoridade de comando. Pelo desígnio de Deus, eles têm mecanismos sancionados por Deus para impor as suas instruções. O príncipe tem o que a Bíblia chama de "a espada"; o pai tem o que a Bíblia chama "a vara".

No entanto, podemos também pensar em outras figuras de autoridade que, em graus variados, têm a capacidade de dar comandos que também são moralmente obrigatórios. Mas eles não foram autorizados por Deus a impor os seus comandos. Pense na autoridade de um marido ou de um pai uma vez que um filho atinge uma certa idade. Um marido pode instruir a sua esposa, mas ele não pode impor a sua instrução. Ou a verdade do que ele diz se imporá, ou Jesus fará cumprir o que ele diz no Último Dia.

Como esse modo de pensar sobre os dois tipos de autoridade é útil para a questão das congregações e dos presbíteros? Eu acho que podemos dizer que a congregação, a qual possui as chaves do reino, tem uma autoridade de comando. A congregação pode impor suas decisões através da admissão de alguém à membresia ou através da excomunhão. Os pastores ou presbíteros, em virtude de seu chamado para ensinar, têm autoridade de conselho. Eles podem instruir, advertir, repreender e até mesmo comandar. E suas instruções impõem algum nível de obrigação moral. Lembre-se que o Espírito Santo fez deles supervisores (At 20.28). E os membros são instruídos a se submeterem (Hb 13.17). Mas em nenhum lugar do Novo Testamento testemunhamos pastores ou presbíteros tomando decisões unilaterais, como disciplinar alguém a ponto de excluí-lo de uma igreja.

Apóstolos, sim; pastores, não. Você, um membro, não pode ser removido da membresia porque seu pastor um dia lhe diz em seu escritório: "Você está excluído". Jesus, é claro, fará cumprir a instrução de um presbítero a um membro rebelde no Último Dia. Mas o presbítero não pode fazê-lo.

Aqueles que possuem uma autoridade de conselho, como maridos e presbíteros, devem continuamente se esforçar para ensinar e persuadir. Uma esposa piedosa e um membro da igreja piedoso, é claro, exigirão pouca persuasão porque cada um reconhece o chamado de Deus para se submeter ao marido ou ao pastor. Mas quando surgem pontos de desacordo entre a esposa e o marido, ou entre o presbítero e o membro da igreja, o único recurso do marido ou presbítero é persuadir e solicitar. Ele não pode pegar "a espada" como o estado, ou "a vara" como um pai. Em vez disso, ele deve se explicar e buscar instruir. Ele não deveria "dominar" a esposa ou o membro (Cl 3.19; 1Pe 5.3). Pode ser que o marido ou o pastor esteja errado. Se ele for piedoso, poderá ouvir o conselho contrário da esposa ou do membro. No entanto, o fato de que Deus constituiu o marido ou o presbítero como uma autoridade significa que ele deve tomar a iniciativa de persuadir. Ele não pode forçar, mas também não pode abdicar ou desistir. A passividade não é uma opção para ele, para que não enfrente o desagrado de Jesus no Último Dia.

Em vez disso, o marido e o pastor devem se esforçar arduamente para amar e para persuadir, treinando e capacitando, de modo que a esposa ou o membro *opte* por segui-lo no caminho da piedade. A autoridade de conselho deve ser exercida pelos maridos e pelos pastores de forma persistente, paciente, longânima, afetuosa, amável, consistente, não hipócrita, e, sim, sempre capaz de ser corrigida. Essa autoridade é exercida ao se buscar o crescimento a longo prazo, e não resultados forçados a curto prazo.

AUTORIDADE PARA ENSINAR

Aqui está o segundo passo para entender a distinção entre a autoridade de uma congregação e a autoridade dos presbíteros: na medida em que um presbítero possui a autoridade de conselho, não de comando, não deve ser surpreendente que a autoridade de um presbítero se concentre em torno do ensino. É por isso que um presbítero deve ser "apto para ensinar" (1Tm 3.2). Cada uma das passagens antes mencionadas envolve o ensino. Em Atos 20, o propósito de Paulo ao chamar esses presbíteros de "bispos" é lembrá-los de que eles têm a responsabilidade de proteger o rebanho contra os lobos, pois "se levantarão homens falando coisas pervertidas para arrastar os discípulos atrás deles" (v. 30). Em 1 Pedro 5, Pedro diz aos presbíteros que pastoreiem e supervisionem o rebanho, pelo menos em parte, ao serem um exemplo (v. 3). E em Hebreus 13, o autor diz aos leitores que se lembrem dos líderes que lhes ensinaram a Palavra de Deus e que imitem a fé deles (v. 7).

As cartas de Paulo a Timóteo e a Tito também enfatizam o ensino. Paulo diz a Timóteo em sua primeira carta para instruir certas pessoas a não ensinarem doutrinas diferentes, especialmente aquelas que promovem a especulação vãs (1Tm 1.3-4). Timóteo deve ordenar e ensinar (4.11). Ele deve se entregar à leitura pública, à exortação e ao ensino (4.13). E ele deve prestar muita atenção à sua vida e ao seu ensino, uma vez que ao fazer isso se salvará a si mesmo e aos seus ouvintes (4.16). Paulo depois afirma que um presbítero que governa bem é digno de dupla honra, especialmente se sua liderança consiste em pregar e ensinar (5.17). E os presbíteros devem ensinar o que Timóteo ensina (6.3).

Paulo repete em sua segunda carta a Timóteo que Timóteo deve se apegar ao padrão de ensino são que ele ouviu de Paulo (2Tm 1.13). E o que ele ouviu de Paulo deve ser entregue a homens fiéis que possam ensinar também a outros (2.2). Ele deve ser diligente em ensinar corretamente a palavra da verdade (2.15). Ele deve evitar o discurso vão que se desvia da verdade (2.16, 18). E ele deve ensinar e instruir apenas como Deus gostaria que ele ensinasse, sabendo que o arrependimento levará ao conhecimento da verdade (2.24-25). Paulo conclui ordenando a Timóteo que pregue a Palavra, persista nela, corrigindo, repreendendo e encorajando com grande paciência (4.2).

Paulo inicia a sua carta a Tito, referindo-se à sua obra de edificação de pessoas na verdade que conduz à piedade (Tt 1.1). Ele, então, diz a Tito que o deixou em Creta para colocar a igreja "em ordem" (1.5), nomeando presbíteros. As igrejas corretamente ordenadas têm presbíteros que se apegam firmemente à palavra fiel enquanto ensinam e instruem segundo a sã doutrina (1.9). Aqueles que se opõe a sã doutrina estão sempre à espreita: são insubordinados e faladores vãos que procedem vergonhosamente (1.10-11). Tais indivíduos devem ser repreendidos (1.13-14). Tito, então, deve ensinar o que está de acordo com a são doutrina e se tornar um padrão de boas obras (2.1, 7). Seu ensino deve demonstrar integridade e dignidade para que a sua mensagem seja sadia e irrepreensível (2.8). Depois de lembrar Tito da salvação de Deus, Paulo diz a ele: "Dize estas coisas; exorta e repreende também com toda a autoridade" (2.15).

O que Paulo propõe para Timóteo e para Tito é o trabalho lento, paciente, cotidiano e repetitivo de buscar fazer com que um povo cresça em piedade. Um presbítero não força, mas ensina, porque um ato forçado de piedade não é piedade. Um ato piedoso é voluntariamente escolhido a partir do coração regenerado de alguém que participa da nova aliança.

LIDERANDO E TREINANDO

Em terceiro lugar, e finalmente, devemos considerar o que um presbítero é e o que ele faz: ele é um exemplo para o rebanho que conduz e treina para que vivam como ele vive, na medida em que ele está andando no caminho de Cristo. Os presbíteros não constituem uma "classe" separada de cristãos, como a divisão entre a aristocracia e a plebe, ou entre os sacerdotes medievais e os leigos. Fundamentalmente um presbítero é um cristão e um membro da igreja. Ele é separado e reconhecido como um presbítero porque o seu caráter é exemplar e por ser capaz de ensinar.

Observe, por exemplo, que as únicas qualificações listadas para os presbíteros em 1 Timóteo 3 e Tito 1 não esperadas de todo cristão é que os presbíteros não podem ser neófitos e que eles devem ser aptos para ensinar.

Em outras palavras, os membros não devem considerar os presbíteros como tendo "sangue azul" (como a aristocracia reivindicava!) ou como tendo recebido um dom especial do Espírito (como os sacerdotes medievais pleiteavam). Em vez disso, os membros devem considerá-los como pessoas que estabelecem o padrão de como eles devem viver e pensar. Os membros devem prestar atenção à vida e à doutrina deles e imitá-los.

A diferença entre um presbítero e um membro, embora formalmente designada por um título, é baseada em grande parte em uma diferença de maturidade, não de classe. Como um pai faz com uma criança, o presbítero constantemente se esforça para convocar o membro a *crescer em* e *portar-se com* maturidade. Esse, certamente, é um ofício distinto. E nem todo cristão maduro se qualifica para tal ofício. Contudo, permanece o aspecto essencial: um presbítero se esforça para "fazer imitadores" de si mesmo naquilo em que ele imita a Cristo (veja 1Co 4.16, 11.1).

O trabalho de um presbítero é um trabalho de treinamento. Esse trabalho depende de modelação e de repetição tanto em palavra quanto em ação. Falando em sentido figurado, ele demonstra como usar o martelo e a serra, e depois coloca as ferramentas nas mãos do membro. Ele toca o piano ou dá uma tacada em um jogo de golfe, e depois pede ao membro que repita o que ele fez.

Agora pensemos mais uma vez na distinção presbiteriana entre *posse* e *exercício* mencionada há pouco. Eles dizem que a igreja possui autoridade, mas os presbíteros a exercem. Qual é o problema com essa maneira de relacionar a autoridade da congregação com a autoridade dos presbíteros? Além do fato de que isso remove a posse da congregação, privando-a da obra que Jesus lhes deu a fazer, isso impede o trabalho de treinamento do presbítero! Isso prende o martelo e o taco de golfe na parte de trás das mãos do membro, paralisando a repetição. Os cristãos mais jovens não recebem treinamento para cuidar do *que* e do *quem* do evangelho. "Lamentamos, crianças. A aula está cancelada".

Com o congregacionalismo liderado por presbíteros sempre é tempo de aula. O discipulado não para. "Aqui estão as chaves. Dirija com cuidado. Faça exatamente como eu lhe ensinei, ou você terá que tirar o carro do penhasco".

Em vez de uma distinção entre a *posse da autoridade* e o *exercício da autoridade*, precisamos distinguir entre a *posse da autoridade* e a *liderança no uso da autoridade*. Toda a congregação, presbíteros e membros juntos, possuem as chaves do reino. Mas os presbíteros têm a tarefa de treinar, capacitar e conduzir a congregação a usar as chaves de uma maneira correta. A congregação possui e exerce a autoridade, e os presbíteros lhes mostram como.

Efésios 4 capta essa dinâmica. Você já observou quem "ministra" em Efésios 4.11-12? Leia cuidadosamente: "E ele mesmo concedeu uns para apóstolos, outros para profetas, outros para evangelistas e outros para pastores e mestres, com vistas ao aperfeiçoamento dos santos para o *trabalho do ministério*, para a edificação do corpo de Cristo" (versão do autor). Quem realiza o trabalho do ministério e edifica o corpo de Cristo? Os santos! Os santos precisam de pastores e mestres para treiná-los. Logo depois, Paulo diz que o corpo "edifica a si mesmo em amor" enquanto cada parte faz o seu trabalho (vv. 15-16).

A congregação não pode julgar sabiamente o *que* e o *quem* do evangelho — eles não podem sabiamente cumprir as responsabilidades do seu trabalho — a menos que tenham mestres do evangelho ensinando e supervisionando. A igreja precisa de presbíteros que façam o seu trabalho, assim como as crianças precisam de pais e de professores para crescerem em maturidade. A igreja precisa de presbíteros em particular para conduzi-los no uso das chaves.

Na grande maioria das circunstâncias, os membros devem se submeter e seguir os seus líderes. O momento principal em que eles não o fazem é quando os presbíteros ou pastores se afastam da Escritura ou do evangelho. Supondo que homens piedosos liderem a igreja, a ampla maioria dos votos entre os membros de uma igreja saudável deve ser unânime e sem intercorrências.

O PROGRAMA DE DISCIPULADO DE JESUS

Então, agora chegamos ao círculo completo de onde começamos no capítulo 1. Jesus estabeleceu a liderança dos presbíteros e o governo da congregação como seu programa de discipulado. Lembra-se da fórmula?

Liderança dos Presbíteros + Governo Congregacional
= Discipulado

Os membros da igreja têm um trabalho, e os pastores os treinam para o seu trabalho. Os pastores que são irrepreensíveis e mestres capazes estabelecem o padrão de vida sadia, bem como guardam o *que* e o *quem* do evangelho. Deseja saber como Jesus vive, ama e anda? Deseja saber como ele guarda as suas ovelhas no aprisco e mantém o templo consagrado ao Senhor? Preste atenção e escute estes subpastores.

Quando a autoridade das chaves é removida das mãos da igreja, o ministério da Palavra pode continuar poderoso e frutuoso, mas o ministério da aplicação é impedido. Os presbíteros não têm mais a oportunidade de encaminhar toda a igreja em questões "da vida real" referentes à membresia e à disciplina, conforme discutido no capítulo 2. Os presbíteros perdem uma ferramenta importante no ensino da congregação sobre como aplicar o evangelho à vida real.

Manusear as chaves com sabedoria é um caminho perigoso e árduo. A imagem que me vem à mente é um alto penhasco, estreito o suficiente para desafiar uma cabra montesa. O Espírito Santo deu a cada cristão a competência para andar por este caminho. Os cristãos podem fazer isso. Mas eles também necessitam de um guia capaz: "Coloque seu pé aqui, não ali. Essa pedra não suporta o seu peso. Dê um passo de cada vez. Beba um pouco de água. Nós ficaremos juntos". Este é o trabalho dos presbíteros. Ele é um guia capaz. Ele lidera o caminho. Ele diz: "Este é o caminho da sabedoria. Andai por ele" (veja Provérbios 4.11; 2 João 4; 3 João 3). Somente o tolo do qual fala o livro de Provérbios recusa o seu conselho.

CONCLUSÃO

Afirmei no capítulo 1 que a melhor definição para o congregacionalismo liderado por presbíteros é que os pastores treinam você para que possa realizar o seu trabalho. A liderança dos presbíteros e o governo congregacional fornecem um campo para treinamento.

Certamente os membros devem se opor aos presbíteros sempre que eles contradizem as Escrituras ou exigem algo além do escopo do ministério bíblico do evangelho. A congregação sempre mantém uma mão no freio de emergência para tais ocasiões. Mas espero que esta seja uma ocorrência rara. Se os presbíteros estão liderando bem, a maioria das decisões deve ser algo próximo da unanimidade.

Deus deu pastores ou presbíteros à igreja para o bem da igreja. Eles são um dom (Ef 4.8-11). Um membro que se recusa a atender à liderança bíblica dos presbíteros prejudica o seu próprio discipulado a Cristo. O crescimento cristão é melhor enquanto seguimos imitando aqueles que imitam a Cristo. E o membro que aprende a seguir, muitas vezes, logo se encontrará liderando. Apenas peça a Jesus!

CONCLUSÃO

AS RESPONSABILIDADES DO SEU TRABALHO

O programa de discipulado de Jesus dá a cada membro da igreja um trabalho. E eu disse no capítulo 1 que este livro é como um manual do trabalho da igreja. Então, agora você pode estar se perguntando: Quais são as responsabilidades deste trabalho?

São pelo menos sete.

RESPONSABILIDADE 1: CONGREGAR-SE REGULARMENTE COM A IGREJA

Você, como cristão batizado e membro comum de uma igreja, é responsável por congregar-se regularmente. As Escrituras não poderiam ser mais claras sobre esta responsabilidade fundamental a fim de que você possa se dedicar ao amor, às boas obras e ao encorajamento.

> Consideremo-nos também uns aos outros, para nos estimularmos ao amor e às boas obras. Não

deixemos de congregar-nos, como é costume de alguns; antes, façamos admoestações e tanto mais quanto vedes que o Dia se aproxima (Hb 10.24-25).

O autor ameaça julgamento final se você não congregar. As apostas são realmente altas. Afinal, se você não congregar, você não consegue cumprir as próximas seis responsabilidades. A ato de congregar-se regularmente torna as demais responsabilidades possíveis.

RESPONSABILIDADE 2: AJUDAR A PRESERVAR O EVANGELHO

Você, como cristão batizado e membro comum de uma igreja, é responsável por proteger e preservar o evangelho e o ministério evangélico em sua igreja.

Pense no "admiração" de Paulo em Gálatas 1: "Admira-me que estejais passando tão depressa... para outro evangelho" (v. 6). Ele não censura os pastores, mas os membros, e lhes diz para rejeitarem mesmo apóstolos ou anjos que ensinarem um falso evangelho.

Cristão, isso significa que você é responsável por estudar o evangelho e por conhecê-lo. Você consegue me explicar o evangelho em sessenta segundos ou menos? Você pode explicar a relação entre a fé e as obras? Um cristão pode viver em pecado não arrependido? Por que sim ou por que não? Por que é importante para um cristão afirmar a doutrina da Trindade?

Que papel desempenham as boas ações, a comunhão e a hospitalidade na promoção do ministério evangélico de uma igreja? Por que uma igreja nunca deveria deixar a sua identidade e o seu ministério serem subvertidos por um partido político?

Cristão, estes são os tipos de perguntas que você é responsável por responder a fim de ajudar a preservar o evangelho. Não estou dizendo para você encontrar respostas independentemente dos seus presbíteros. Eles devem capacitá-lo para responder a essas perguntas. Se não o fazem, talvez você não esteja na melhor igreja.

Conheça o evangelho e o que o evangelho exige da vida da igreja e do cristão.

RESPONSABILIDADE 3: AJUDAR A CONFIRMAR OS CIDADÃOS DO EVANGELHO

Você, como cristão batizado e membro comum de uma igreja, é responsável por proteger o evangelho e o ministério do evangelho em sua igreja *por meio* da afirmação e revogação dos cidadãos do evangelho.

Como vimos anteriormente, Paulo não se dirige aos presbíteros de Corinto na questão da disciplina, mas sim à igreja de Corinto. Da mesma forma, cristão, é a sua responsabilidade receber e excluir membros. Jesus deu essa responsabilidade a você. Para que você negligencie este trabalho basta cultivar a complacência, a fé nominal e, eventualmente, o liberalismo teológico.

Naturalmente, o trabalho aqui é maior do que comparecer às assembleias e votar sobre novos membros. Isso envolve se esforçar para conhecer e ser conhecido por seus irmãos de igreja ao longo dos sete dias da semana. Você não pode afirmar e supervisionar pessoas que não conhece, não de forma íntegra. Isso não significa que você seja responsável por conhecer pessoalmente cada membro de sua igreja. Nós fazemos este trabalho coletivamente. Mas busque maneiras para começar a incluir mais de seus companheiros no ritmo regular de sua vida. Paulo oferece uma útil lista de verificação para fazer isso: "Amai-vos cordialmente uns aos outros com amor fraternal, preferindo-vos em honra uns aos outros. No zelo, não sejais remissos; sede fervorosos de espírito, servindo ao Senhor; regozijai-vos na esperança, sede pacientes na tribulação, na oração, perseverantes; compartilhai as necessidades dos santos; praticai a hospitalidade" (Rm 12.10-13). Como você está cumprindo esta lista?

RESPONSABILIDADE 4: PARTICIPAR DAS REUNIÕES DE MEMBROS

Então, como você preserva o evangelho e afirma os cidadãos do evangelho? Ao comparecer regularmente às assembleias de membros.

Diferentes igrejas tomam decisões de diferentes modos, o que é bom. Mas seja qual for o local que sua igreja use para tomar as decisões relativas ao *que* e ao *quem* do evangelho, você deve estar lá.

Você não pode realizar o seu trabalho se não estiver presente nas assembleias para tomada de decisões.

É verdade que as assembleias de membros têm má reputação. Eu compreendo. Muitas dessas reuniões são "caldeirões" nocivos de disputa e de rebeldia. Mas não deixe que os casamentos ruins levem você a desistir do casamento. Pela graça de Deus, tenho participado de várias igrejas onde as reuniões de membros parecem afetuosas, encorajadoras e motivadoras reuniões de família. Parte disso depende da liderança dos pastores nessas reuniões e de como eles a planejam. Parte disso depende de você.

RESPONSABILIDADE 5: DISCIPULAR OUTROS MEMBROS DA IGREJA

Você, como cristão batizado e membro comum de uma igreja, é responsável por proteger o evangelho e o ministério do evangelho em sua igreja *ao* discipular outros membros da igreja.

Lembre-se de Efésios 4.15-16. A igreja edifica a si mesma em amor enquanto cada parte faz o seu trabalho. Você tem um trabalho a fazer visando edificar a igreja. E parte disso inclui o ministério de palavras. Alguns versículos depois, Paulo diz: "Por isso, deixando a mentira, fale cada um a verdade com o seu próximo, porque somos membros uns dos outros" (v. 25). Fale a verdade a eles, e lhes ajude a crescer. Nossa palavra deve ser "boa para edificação, conforme a necessidade, e, assim, transmita graça aos que ouvem" (Ef 4.29). Além disso, esteja disponível para que outros falem com você. Você é disposto a ouvir?

O cristianismo básico envolve a edificação de outros crentes. Essa é uma parte do cumprimento da Grande Comissão e de fazer discípulos. Falando nisso...

RESPONSABILIDADE 6: COMPARTILHAR O EVANGELHO COM OS DE FORA

Se Cristo restabeleceu você como um rei-sacerdote, toda a sua vida deve refletir o evangelho em palavras e em ações. Você é um embaixador. É importante repetir aqui a ordem e o exemplo de Paulo: "[Cristo]... nos confiou a palavra da reconciliação. De sorte que somos embaixadores em nome de Cristo, como se Deus exortasse por nosso intermédio. Em nome de Cristo, pois, rogamos que vos reconcilieis com Deus" (2Co 5.19b-20).

Todo cristão foi reconciliado e, portanto, todo cristão recebeu esta palavra da reconciliação. Portanto, rogamos e oramos para que os pecadores sejam reconciliados com Deus.

Essa também é uma parte do seu trabalho. A ordem para "ir e fazer discípulos" pertence a você (Mt 28.19).

RESPONSABILIDADE 7: SIGA OS SEUS LÍDERES

O trabalho dos pastores ou presbíteros é capacitar os santos para o trabalho do ministério: para estas seis responsabilidades anteriores. Se os presbíteros não estiverem ensinando o evangelho, catequizando a igreja no evangelho, ensinando-lhes a sua responsabilidade de uns para com os outros, então eles estão capacitando mal os membros da igreja para o trabalho que Jesus lhes deu.

Cristão, isso significa que você é responsável por se beneficiar da instrução e do conselho dos presbíteros. Apegue-se ao padrão de ensino que você tem aprendido com os seus presbíteros (2Tm 1.13). Siga o ensinamento, conduta, propósito, fé, amor e perseverança, juntamente com as perseguições e sofrimentos deles (2Tm 3.10-11).

Seja o filho sábio descrito em Provérbios que escolhe o caminho da sabedoria, da prosperidade e da vida, temendo ao Senhor e observando a instrução. Isso é melhor do que joias e ouro.

CONCLUSÃO

O congregacionalismo liderado por presbíteros dá autoridade final e, portanto, responsabilidade à congregação reunida. Com a autoridade vem a responsabilidade.

Logo, unindo-se a uma igreja, você se torna responsável pelo o que a sua igreja ensina e pelo discipulado de cada membro.

- Você é responsável por agir se o pastor Silas começar a ensinar um falso evangelho.
- Você é responsável por ajudar a garantir que o candidato a membro Cristiano compreenda adequadamente o evangelho.
- Você é responsável pelo discipulado da irmã Gabriela e por ela ser cuidada e edificada visando a semelhança com Cristo.
- Você é responsável por assegurar que o membro Michel seja excluído da comunhão da igreja se a sua vida e a sua profissão de fé não forem mais concordantes.

Quem treina você para todo esse trabalho? Seus presbíteros. Acrescente as suas responsabilidades às deles e você tem o programa de discipulado de Jesus.

Quando as pessoas têm a intenção de se unir à minha igreja são convidadas a fazer uma entrevista com um presbítero, na qual pergunta-se sobre o seu testemunho e sobre uma explicação do evangelho. Na conclusão de quaisquer entrevistas que conduzo pessoalmente, assumindo que eu recomendarei alguém para a membresia a toda a congregação, direi algo como isso:

> Amigo, ao se unir a essa igreja, você se tornará, junto com os demais membros, responsável por esta congregação continuar ou não a proclamar

fielmente o evangelho. Isso significa que você se tornará corresponsável tanto pelo que esta igreja ensina, como pela vida dos seus membros, se eles permanecem fiel ou não. E um dia você estará diante de Deus e prestará contas de como você usou essa autoridade. Você se sentará e ficará anônimo, fazendo pouco mais que passivamente comparecer por 120 minutos aos domingos? Ou você se estimulará com o árduo e gratificante trabalho de estudar o evangelho, construir relacionamentos e fazer discípulos? Precisamos de mais mãos para a colheita, por isso esperamos que você se una a nós nesse trabalho.

E quanto a você? Tem realizado esse trabalho?

APÊNDICE

RESPOSTAS BREVES ÀS CRÍTICAS AO CONGREGACIONALISMO LIDERADO POR PRESBÍTEROS

Neste livro, eu não tentei defender o congregacionalismo liderado por presbíteros de seus críticos adeptos aos modelos de governo presbiteriano, episcopal ou oligárquico.[4] Para esse tipo de apologética, veja meu outro livro. Mas, abaixo você encontrará uma versão abreviada de alguns dos argumentos deste livro.

As críticas comuns ao congregacionalismo incluem:

O congregacionalismo conduz ao isolamento e à fragmentação entre igrejas. Isso prejudica a unidade que Jesus desejava para a sua igreja (p. ex.: Jo 17.11, 21-23; Ef 4.1-6).

Em primeiro lugar, os cristãos deveriam estar unidos na obediência ao governo de Cristo, mas nada

---
4 Jonathan Leeman, *Don't Fire Your Church Members: The Case For Congregationalism* (Nashville, TN: B&H Academic, 2016).

em nenhum dos textos sobre a unidade bíblica sugere que Jesus ou os autores do Novo Testamento tivessem uma autoridade institucional terrena em mente. Talvez eles tivessem, mas é preciso impor essa suposição nos textos sobre unidade.

Em segundo lugar, a unidade "visível" realmente apresenta um testemunho atrativo para o mundo. Mas dificilmente é um bispo alcançando sua mão sobre uma igreja o que o mundo considera atrativo ou uma unidade burocrática produzida na sede da denominação. O mundo é atraído quando os cristãos visivelmente amam uns aos outros como Cristo os amou, particularmente vencendo barreiras de geração, de etnia (judeus e gentios), de gênero (masculino e feminino), de classe social (escravo e livre), de nível educacional (gregos e bárbaros) e de limites sociodemográficos gerais os quais poderiam dividi-los (veja Jo 13.34-35; 1Co 12.13-14; Ef 2.11-22). Amar a unidade em meio à diversidade é atrativo.

Em terceiro lugar, as maravilhosas ilustrações da interdependência entre as congregações no Novo Testamento não estão fundamentadas na obediência forçada, mas no amor voluntariamente concedido (por exemplo: 2 Coríntios 8.1-8, especialmente o versículo 8: "Não vos falo na forma de mandamento, mas para provar, pela diligência de outros, a sinceridade do vosso amor).

Em quarto lugar, com exceção da Igreja Católica Romana, toda tradição envolve divisões: presbiterianos que se dividem a partir de presbiterianos, anglicanos a partir de anglicanos, luteranos a partir de luteranos e metodistas a partir de metodistas. Além disso, a posição mais logicamente (e biblicamente) coerente é a posição romana ou a posição congregacional, não algo intermediário. Roma é coerente porque diz que todas as igrejas particulares devem estar unidas na fé (crença do evangelho) e na *ordem* (autoridade institucional), e age de acordo com isso. As igrejas congregacionais são coerentes porque dizem que todas as igrejas particulares devem ser unidas na fé, mas *não na ordem*. A ordem une somente a igreja local. Todos os demais pleiteiam a importância da unidade na fé e na ordem, mas depois contradizem essa reivindicação se unindo apenas com seu próprio grupo de igrejas, não mais unidas a igrejas em outras tradições do que as igrejas congregacionais. A questão é: a unidade entre as igrejas locais demandada pelo Novo Testamento inclui a ordem institucional ou não? Se assim for, Roma tem razão, e estas igrejas estão sendo desobedientes, se dividindo umas das outras. Se não, as igrejas congregacionais estão corretas, e essas igrejas negam a autoridade que pertence aos seus próprios membros.[5]

---

5 Para ler mais sobre a unidade, veja o meu capítulo sobre a unidade da igreja em: Mark Dever e Jonathan Leeman (eds.), *Baptist Foundations: Church Government for an Anti-Institutional Age* Nashville, TN: B&H Publishing Group, 2015).

> O congregacionalismo conduz ao caos doutrinário e moral desde que não há nenhuma prestação superior de contas. Afinal, quem mantém uma congregação responsável?

Esta crítica vale para os dois lados, ou todos os lados! Quem mantém o presbitério responsável por prestar contas? Ou que mantém a assembleia geral ou o bispo ou o sínodo ou o papa responsáveis por prestar contas? Alguém também poderia facilmente argumentar que as denominações em que a autoridade reside fora da igreja local têm um histórico pior no que diz respeito a permanecerem fiéis às Escrituras. Basta considerar Roma e sua apostasia da fidelidade bíblica que motivou a Reforma Protestante do século XVI, ou as principais denominações protestantes, algumas das quais desafiam ou mesmo negam totalmente a autoridade bíblica. E quando uma denominação não congregacional se torna infiel, toda igreja que pertence a ela é corrompida. Por outro lado, quando uma igreja congregacional se torna infiel, a doença é relativamente contida.

Além disso, devemos aprender sobre o nosso governo da igreja a partir da Bíblia, mas vale a pena perceber como a maioria dos pensadores políticos — como os primeiros fundadores dos Estados Unidos — sabiam que a responsabilidade governamental funciona melhor quando a autoridade vem de baixo, não de cima, do rei. Deveríamos tornar o governo do nosso país responsável por sujeitá-lo às Nações Unidas?

> A Bíblia explicitamente dá autoridade aos presbíteros (p. ex.: 1Tm 5.17; Hb 13.7, 17). Ela não dá explicitamente autoridade às congregações.

Em primeiro lugar, Mateus 18 autoriza explicitamente as congregações. Não há nada no texto para interpretar a leitura de "igreja" como presbíteros, e há várias razões para não fazê-lo (por exemplo: a sequência numérica dos versículos de 15 a 17; que é como os leitores originais entenderiam o termo "igreja"). Em segundo lugar, Paulo, de modo impressionante, trata as congregações a quem escreve como iguais. Em 1 Coríntios, ele diz que já julgou a respeito do pecador (5.3), e, então, ele chama a igreja para fazer o mesmo (vv. 4-5, 12). Assim ocorre em Gálatas 1 e em outras passagens.[6]

> Atos 15 não é um precedente para um concílio de líderes exercendo autoridade sobre várias igrejas?

Algumas coisas devem ser observadas em Atos 15. Primeiramente, os apóstolos estavam presentes, e eles afirmaram que o Espírito Santo concordava com a sua decisão. Em segundo lugar, o propósito principal de

---
6 Para mais informações sobre a autoridade da congregação, consulte o capítulo 4 do livro *Don't Fire Your Church Members*.

Lucas na passagem não é estabelecer diretrizes para o governo, mas explicar o que a igreja primitiva determinava sobre a circuncisão e sobre o seu papel no que diz respeito à salvação e à membresia da igreja. Eles estavam perguntando: preciso me tornar um judeu para ser um cristão?

Então, considere: a carta de Jerusalém é mandatória para as igrejas *hoje* em virtude da autoridade da igreja em Jerusalém ou da sua inclusão nas Escrituras? A resposta a essa pergunta indicará que tipo de autoridade a carta enviada de Jerusalém tinha — eclesiástica ou exclusivamente apostólica.

A menos que você queira argumentar que a igreja de Jerusalém está institucionalmente conectada à sua igreja (como Roma faz), deve-se dizer que Atos 15 não oferece nenhuma instrução real para o governo da igreja. Em vez disso, a carta vinda da igreja de Jerusalém, inspirada pelo Espírito Santo e escrita por apóstolos, deve ser tratada quase como qualquer outra epístola do Novo Testamento. Não é vinculativa como uma questão de autoridade eclesiológica, mas como instrução apostólica autoritativa para eventualmente ser canonizada como Escritura apostólica inspirada pelo Espírito Santo.[7]

---

7 Para mais informações sobre Atos 15, consulte o capítulo 6 do livro *Don't Fire Your Church Members*.

Os congregacionais estimam apenas superficialmente a autoridade dos presbíteros. Eles transformam a sua liderança em meros conselhos.

A crítica considera a autoridade como um tipo de coisa, quando a Bíblia estabelece vários tipos de autoridade na igreja, todas as quais cooperam entre si. A autoridade do presbítero, na concepção congregacional, é uma autoridade real porque (1) Deus a estabeleceu (p. ex.: At 20.28); (2) possui uma sanção celestial e escatológica, ou seja, Jesus condenará os atos ilícitos de desobediência à autoridade dos presbíteros no último dia; (3) esta sanção do último dia deve pesar sobre a consciência de um crente; e (4) um padrão de insubordinação impenitente aos presbíteros é potencialmente motivo para a disciplina eclesiástica.[8]

O congregacionalismo é ineficiente e dificulta a realização do que deve ser feito.

Comparado com outras formas de governo da igreja, sim, o congregacionalismo pode ser ineficiente. Mas assim é a santificação. A ineficiência do congregacionalismo é, em essência, a ineficiência do crescimento cristão. A aprendizagem em geral é ineficiente. Como um pai, o trabalho de um

---

8 Para obter mais informações sobre a autoridade dos presbíteros, consulte o capítulo 5 deste livro e do livro *Don't Fire Your Church Members*.

pastor não é apenas tomar decisões, mas ensinar os membros a tomar boas decisões. E, sim, isso requer trabalho de pastoreio lento e cuidadoso. Uma pessoa que não tem paciência para isso provavelmente não deve pastorear. Negócios podem ser uma boa opção de carreira!

> O congregacionalismo é apenas um reflexo da democracia ocidental. É uma ideia moderna, não bíblica.

Em primeiro lugar, os mecanismos democráticos eram comumente usados no mundo antigo — em todos os lugares desde a Grécia antiga, passando pela república romana, até às comunidades judaicas em Qumran. Em segundo, as inflexões congregacionais podem ser ouvidas tanto na igreja primitiva (desde o Didaquê, passando por Clemente, até mesmo a Cipriano) e na igreja da Reforma (veja Lutero e Calvino). Em terceiro lugar, a renovação das formas contemporâneas de congregacionalismo (séc. XVI) precedeu a renovação das formas contemporâneas de democracia (séc. XVIII). Em quarto lugar, o congregacionalismo, devidamente compreendido, não é uma democracia, mas um governo misto.[9]

---

9 Para mais informações sobre a história do congregacionalismo e sobre os mecanismos democráticos no mundo antigo, veja o capítulo 4 do livro *Don't Fire Your Church Members*.

Não existe nenhum exemplo de todos os membros votando na Bíblia.

Sim existe. Veja o que a maioria dos comentaristas diz sobre a palavra "maioria" em 2 Coríntios 2.6. O que a Bíblia realmente nunca mostra é um concílio, um presbitério, um sínodo ou um colegiado de cardeais votando porque é claro que *estes não estão na Bíblia!* (Toda forma de governo emprega um grupo de partes votando. É apenas uma questão de *quem.*)

Finalmente, votar é uma "forma", não um "elemento", o que significa que há alguma flexibilidade aqui para o contexto. Igrejas podem tomar decisões por consenso, bem como por outro mecanismo ou forma.

O congregacionalismo permite que as ovelhas rejeitem o pastor (como ocorreu com Jonathan Edwards). Isso não faz sentido algum!

Então Paulo "não faz sentido", porque é isso que Paulo faz. Ele diz às igrejas da Galácia para rejeitar a si mesmo ou a um anjo do céu caso pregassem um falso evangelho (Gl 1.6-9). Isso não significa que as congregações podem rejeitar os seus pastores sempre que quiserem. Elas precisam de fundamentos bíblicos. A congregação de Jonathan Edward provavelmente estava errada ao rejeitá-lo, mesmo que tivessem o direito de demiti-lo. Mecanismos legítimos podem ser usados de modo equivocado.

"Ovelhas" não têm autoridade.
É verdade, mas cidadãos têm (veja Ef 2.19; Fp 3.20; Hb 8.11). E "ovelhas" é apenas uma metáfora para os membros da igreja; e como tal não abrange tudo o que um membro é.

O congregacionalismo é apenas um "governo das multidões", especialmente quando começam a votar sobre todas as coisas!

Sim, em suas formas mais doentes. E o presbiterianismo e o episcopalismo são tirânicos... em suas formas mais doentes. Cada sistema tem suas versões não saudáveis. Por uma questão de fidelidade, devemos sempre perguntar: o que é bíblico? Por uma questão de justiça, devemos avaliar outros sistemas por seus exemplos saudáveis, e não por seus exemplos doentes. E as congregações não devem votar sobre todas as coisas![10]

O congregacionalismo conduz à ditadura e ao culto da personalidade.

Como na última pergunta, esta é outra (e oposta) forma doente de congregacionalismo, e cada governo tem as suas possibilidades não saudáveis. O problema aqui não é a congregação, mas o líder. O trabalho

---

10 Para mais informações sobre quando as congregações votam, consulte o capítulo 4 deste livro e do livro *Don't Fire Your Church Members*.

de um pastor é discipular e treinar outros líderes — até mesmo aqueles que irão substitui-lo — para que uma pluralidade de pastores ou presbíteros possam liderar a igreja. Quando um pastor permite que a sua congregação coloque as suas esperanças nele e não na Palavra de Deus e quando ele falha em capacitar os outros com autoridade, ele deixa de ser um pastor semelhante a Cristo.

> Toda a igreja não poderia ter se encontrado em um único lugar nas cidades do antigo Mediterrâneo.

A igreja de milhares de membros de Jerusalém o fez (At 2.46, 5.12, 6.2). Eles até realizaram uma reunião de membros para discutir a estrutura da igreja (6.2).

> O congregacionalismo promove conflitos internos e concede influência a crentes imaturos.

Talvez, mas você não pode fazer omelete sem quebrar ovos. É a própria oportunidade de tomar decisões que oferece uma plataforma para a maturidade e para o crescimento. O governo congregacional dá aos membros imaturos a oportunidade de exercitarem seus "músculos de submissão" aprendendo a se submeterem à liderança dos presbíteros, bem como a oportunidade de exercitarem sua "sabedoria e discernimento" ao se esforçarem para proteger o evangelho. A liderança dos presbíteros fornece o treinamento que eles precisam. Determinações regidas unilateralmente por presbíteros, por outro lado, negam à congregação essa oportunidade de treinamento e crescimento.[11]

> O governo congregacional não protege o evangelho ou a fidelidade doutrinária porque a congregação não é formada ou ordenada teologicamente.

O Espírito Santo não precisa de treinamento, e o Espírito Santo habita em cada membro da congregação. Portanto, cada membro deve ser capaz, após obter um conhecimento básico do evangelho. Negar isso é negar as promessas da nova aliança (veja Jeremias 31.33-34). Além disso, o governo congregacional não priva a congregação da liderança dos presbíteros. Finalmente, as denominações não congregacionais têm, possivelmente, um pior histórico do que as igrejas congregacionais quanto a tenderem em direção ao liberalismo.

> A Bíblia apresenta consistentemente o modelo de um único líder: Adão, Abraão, Moisés, Davi e Jesus.

Em primeiro lugar, não, não é assim. Pense nos conselheiros de Moisés, ou na verificação do sacerdote e dos profetas sobre o rei, ou na pluralidade de presbíteros nas igrejas. Em segundo lugar, considere, quem

---

11 Para mais informações sobre o treinamento de membros imaturos, consulte os capítulos 1 e 2 deste livro.

é Adão? Ele é o representante de todos os homens. Ele representa todos. E quem é Cristo? O segundo Adão e o representante de todos (Romanos 5.12-18). Eles tinham um trabalho singular a fazer, mas ambos apresentaram um padrão de governo para a humanidade. Só um foi bem-sucedido, e ele convocou uma nova humanidade para reinar consigo para sempre.

A Bíblia não apresenta nenhuma forma de governo da igreja.

Para fazer essa crítica, é necessário ser mostrado como as diferentes ênfases de diferentes textos são contraditórias e não complementares de um panorama maior. Não sei como você conseguiria demonstrar isso. Há alguns fatores históricos e únicos da redenção, como o ofício dos apóstolos, mas não tenho conhecimento de nenhum texto que não se encaixa na configuração da liderança dos presbíteros e no governo congregacional.

O maior problema com esta crítica é que ela trata a Bíblia como um livro de filosofia e política grega. Ela está em busca de um debate aristotélico sobre os três diferentes modelos de governo. A mente hebraica, no entanto, estava mais preocupada com a natureza dos relacionamentos (eles são santos e justos?) e com *quem* Deus autorizou a fazer o *que*. Se você simplesmente fizer esta última pergunta encontrará a forma bíblica de governo da igreja.

> Se a forma de governo é tão clara na Bíblia, por que há tantas opiniões a esse respeito?

Pela mesma razão há muitas opiniões sobre cada área da doutrina: somos finitos e caídos. Além disso, o tema do governo da igreja envolve estruturas de poder, o que significa que será especialmente contestado. A solução não é negar que a Bíblia trata do governo, mas se esforçar mais para inquirir o que a Escritura afirma.

> O congregacionalismo é um modelo estático que não admite adaptação à cultura.

Isso é como dizer que a pregação bíblica ou a ceia do Senhor são estáticas e não admitem adaptações à cultura. Em certo sentido, isso é verdade. Esses elementos são universais. Mas eles podem adotar formas diferentes em contextos diferentes.

FIEL MINISTÉRIO

O Ministério Fiel visa apoiar a igreja de Deus, fornecendo conteúdo fiel às Escrituras através de conferências, cursos teológicos, literatura, ministério Adote um Pastor e conteúdo online gratuito.

Disponibilizamos em nosso site centenas de recursos, como vídeos de pregações e conferências, artigos, e-books, audiolivros, blog e muito mais. Lá também é possível assinar nosso informativo e se tornar parte da comunidade Fiel, recebendo acesso a esses e outros materiais, além de promoções exclusivas.

Visite nosso site:
www.ministeriofiel.com.br

VOLTEMOS AO EVANGELHO

O Voltemos ao Evangelho é um site cristão centrado no evangelho de Jesus Cristo. Acreditamos que a igreja precisa urgentemente voltar a estar ancorada na Bíblia Sagrada, fundamentada na sã doutrina, saturada das boas novas, engajada na Grande Comissão e voltada para a glória de Deus.

Desde 2008, o ministério tem se dedicado a disponibilizar gratuitamente material doutrinário e evangelístico. Hoje provemos mais de 4.000 recursos, como estudos bíblicos, devocionais diários e reflexões cristãs; vídeos, podcasts e cursos teológicos; pregações, sermões e mensagens evangélicas; imagens, quadrinhos e infográficos de pregadores e pastores como Augustus Nicodemus, Franklin Ferreira, Hernandes Dias Lopes, John Piper, Paul Washer, R. C. Sproul e muitos outros.

Visite nosso blog:
www.voltemosaoevangelho.com

A WORDsearch® Bible, um ramo da LifeWay Christian Resources, tem fornecido software de estudo bíblico de alta qualidade desde 1987, servindo aqueles que mudam vidas através da pregação e do ensino. O WORDsearch® oferece a pregadores, professores e alunos da Palavra de Deus milhares de Bíblias e livros que tornam o estudo da Escritura mais rápido, fácil e agradável. O WORDsearch® também está disponível gratuitamente para celular e tablets e também através do site MyWSB.com.

Para mais informações, visite:
www.wordsearchbible.com

E-BOOK GRATUITO

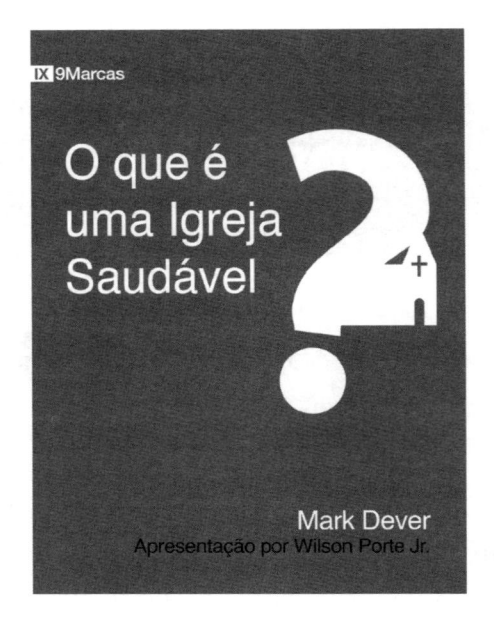

IX 9Marcas

O que é uma Igreja Saudável?

Mark Dever
Apresentação por Wilson Porte Jr.

Sua igreja é saudável? Neste livro Mark Dever, procura ajudar os cristãos a reconhecer as características essenciais de uma igreja saudável: (1) Pregação Expositiva, (2) Teologia Bíblica, (3) Evangelho, (4) Conversão, (5) Evangelismo, (6) Membresia de Igreja, (7) Disciplina Eclesiástica, (8) Discipulado e (9) Liderança de Igreja.

Acesse e baixe gratuitamente:
www.ministeriofiel.com.br/ebooks

Esta obra foi composta em Granjon LT STD 13.5, e impressa
na Promove Artes Gráficas sobre o papel Off Set 70g/m2,
para Editora Fiel, em Setembro de 2020